Adolf Bastian

Der Fetisch an der Küste Guineas

Adolf Bastian

Der Fetisch an der Küste Guineas

ISBN/EAN: 9783743349599

Hergestellt in Europa, USA, Kanada, Australien, Japan

Cover: Foto ©ninafisch / pixelio.de

Manufactured and distributed by brebook publishing software (www.brebook.com)

Adolf Bastian

Der Fetisch an der Küste Guineas

Der

Fetisch

an der Küste Guinea's

auf den

deutscher Forschung nähergerückten Stationen
der Beobachtung

von

Adolf Bastian.

Berlin.
Weidmannsche Buchhandlung.
1884.

geblich ausgesprochenen) Ansicht (s. B. Allg. Grundzg. d. Ethnlg. S. VIII) — in späteren Tagen, wenn über uns, die wir mit Beschaffung der Bausteine für erste Fundamentirung beauftragt sind, der Zeitenstrom längst dahingefluthet sein wird. Augenblicklich kreuzen in ihr zu vielerlei fremdartig verschiedene Strömungen, als dass das Wagniss detaillirterer Präcisirung bereits verantwortbar wäre, unter Vorspiegelung eines System's, das (solange die Lücken der Uebersicht klaffen) noch nicht vorhanden sein kann, noch nicht vorhanden sein darf. Dieser Auffassung liegt am allerfernsten einseitiger Kastenstolz (wie in einer Bemerkung der erwähnten Kritik zugeschoben erscheinen könnte), — so fern sogar, dass ich das ganze Heil der ethnologischen Zeitrichtung einzig und allein aus gesichertem Rückhalt an den übrigen (und älteren) Fachwissenschaften erhoffen zu können meine (s. Allg. Gr. d. Ethnlg. S. XXIII, Anmkg. 10), und die Ethnologie noch in ähnlichem Stadium vermuthe, wie demjenigen in der Entwicklungsgeschichte der Philosophie entsprechen würde, als diese Wissenschaft mit ihrer bescheidenen Namensbeilegung sich begnügte. Auch in dem kleinerem Kreise, auf welchen der Name der Ethnologen vorläufige Anwendung finden könnte, werden wir wohl zunächst noch Jeder für uns allein zu arbeiten haben, bis die verschiedenen Bestrebungen in naturgemäss gesetzlichen Berührungspunkten zusammentreffen. Dann wird allmählig raschere Klärung, bei gegenseitiger Controlle, nicht ausbleiben können (Allg. Grndzg. d. Ethnlg. S. XV), und soweit sie sich beschleunigen lässt, soll es an meiner eifrigen Mitwirkung nicht fehlen (ebenso wenig freilich am bisherigen Protest gegen jede mit Schädigung drohende Uebereilung).

Vorwort.

Diesem auf gelegentliche Veranlassung entworfenen Tagesschriftchen, über die religiösen Verhältnisse in der Biafra-Bucht und den Volta-Ländern, haben die entsprechenden Parallelen nur hie und da beigefügt werden können, so dass die Ergänzungen aus meinen übrigen Veröffentlichungen zu entnehmen sein würden. Zunächst lag mir die Anregung für fernere Materialbeschaffung als Zweck vor Augen (besonders aus den neu zu erschliessenden Gegenden des Innern).

Sept. 1884.

Der Verfasser.

Berichtigungen.

Seite	Zeile					
1	10 v. o.	lies	*Νίγυφ*	statt	*Νιγυφ*.	
17	19	-	befunden	st.	erfunden.	
21	9	-	ἀναίρισις	st.	ἀναίρισις.	
67	20	-	begabten Talents	st.	begabtem Talents.	
80	22	-	gewinnen	st.	umblicken.	
129	11	-	οὔτι; οὔτι.			

Gerade bei Ausgabe gegenwärtiger Schrift geht mir, über eine kürzlich erschienene, aus einem leitenden Journale der Kritik eine Besprechung zu, in welcher ein mehrfach erwähnter Vorwurf in Erinnerung gebracht wird, bezüglich der Druckfehler-Entstellungen im Text, und habe ich mich zu nachträglicher Abhülfe dieses Mangel's (im angehängten Verzeichnisse) um so mehr verpflichtet fühlen müssen, da es hier (trotz eigener Zeitbeschränkung und Arbeitsüberhäufung) im Bereiche der Möglichkeit verbleibt, den berechtigten Ansprüchen des Leser's schuldige Rechnung zu tragen.

Derartige Hülfe, wie hier in Herbeiziehung eines Corrector's gewährbar, fällt leider uns zur Abwehr eines anderen Vorwurf's, der in obiger Besprechung die Form-Verletzungen des Styl's betrifft und die Einhaltung der conventionell abgesteckten und regelmässig betretenen Bahnen verlangt.

So lange indess auf weniger betretenen, auf einem kaum umbrochenem Forschungsfeld der Inhalt sich noch allzu spröde erweist, um einem geschmeidigen Styl sich zu fügen, so lange es bald hier, bald da mit neuen Entdeckungen aufbrodelt, sprudelnd anschwillt und in beständig wachsender Materialienfülle oftmals überfluthet, — so lange wird eine gewisse Umwölkung sich auch in der Darstellung zu reflectiren haben, und die Form selten nur in jenen sauber und scharf gezeichneten Umrissen hervortreten können, wie man in altbegründeten Disciplinen es gewohnt ist und verlangt, gestützt auf anerkannterweise festgestellte Principien allgemeingültiger Methode. Ihnen gegenüber hätte die Ethnologie als eine Wissenschaft im Entstehen zu gelten, welche ihre leitenden Principien noch zu suchen hat, und sie erst erlangen wird, — nach meiner (unmass-

Inhalt.

Kalabar und Kamerun	1
Geheimbünde	8
Reinigungsfest	20
Sklaven- und Goldküste	25
Königthum	26
Priesterschaft	33
Der Gott	47
Die Seelen	55
Weihen	68
Der Fetischismus	75
Schöpfungsmythe	94
Ceylonische Religionsverhältnisse	100
Anmerkungen	111
Anhang	131

I.

Die in den letzten Wochen vielfach genannten Theile Afrikas, die von Sr. Majestät Kanonenboot »Möwe« im Interesse des deutschen Handels besucht wurden, gehören zu denjenigen des Kontinents, die einer deutlichen Kenntniss am längsten entzogen geblieben sind. In seinem Innern schliesst Afrika noch manche terra incognita ein, aber hier liegt bis an die Küste ein derartig unbekanntes Gebiet, dass selbst die Mündung des Niger, des uralten Νιγιρ der Nigritier, eine problematische blieb bis über das erste Viertel des neunzehnten Jahrhunderts hinaus, als zuerst von Richard Lander identificirt.

Bei meiner Reise in den fünfziger Jahren hatten die Nigerexpeditionen allerdings begonnen, aber über dem Kamerungebirge lagerte geographisch noch der verhüllende Schleier, der ihn in seiner nebligen Dunstatmosphäre (der Bight von Biafra) meist den Blicken der Vorüberfahrenden entzieht.

Auch mit Fernando Po stand es nicht besser, und als wir das imposante Schauspiel dieses Gebirgswaldes der Ilha formosa, wie von Fernando Po, dem Entdecker benannt, vor uns sahen, konnte mir niemand in

Clarence-Cove sichere Angabe verschaffen über die Höhe des Piks, der allerdings bereits von Beecroft erstiegen sein sollte, aber erst drei Jahre später 1859 zum ersten Male von dem deutschen Botaniker Mann gemessen und auf 10 190 Fuss festgestellt wurde. Bald darauf glückte Burton nach einigen fehlgeschlagenen Versuchen die Ersteigung des Kamerun, und ihm ist dann die Beschreibung der Krater seines alten Vulkans zu verdanken (13 120 Fuss).

Diese terra alta Amboza der Spanier wird bald mit Ptolemäus' Aruultes (bei Macqueen), bald mit dem flammenden Götterwagen ($\vartheta\varepsilon\tilde{\omega}\nu$ $\check{o}\chi\eta\mu\alpha$) identifizirt aus jener Karthaginischen Reise, welche auch dem Gorilla einen alten Stammbaum für seine Namensbezeichnung verschafft hat, und bis hierher an die Grenze von Ober- und Niederguinea, wo dann im Süden die grösste der afrikanischen Sprachfamilien beginnt, soll (nach Wilson) Eudoxus gelangt sein, da er an der Westküste gleichsprachige Stämme mit denen der Ostküste gefunden haben will.

Immerhin schürzen sich hier vielfache Probleme afrikanischer Geographie, und so wird voraussichtlich noch mancher Dank zu schulden sein unserem erfolgreichen Reisenden, dem langjährigen Vorsitzenden der Gesellschaft für Erdkunde in Berlin, der als jetziger Consular-Vertreter der deutschen Handels-Interessen mit richtiger Entscheidung denjenigen Punkt zu wählen wusste, auf den schon lange fragend und nach Aufklärung verlangend die Blicke der Geographen gerichtet waren.

Für den Zusammenhang dieses Hoch-Gebirges in der Richtung der Inseln des Golfes bis zu den Rumbybergen werden weitere Untersuchungen jetzt bald zu erwarten stehen und ebenso über die Anlage von Sanitarien auf seiner Höhe.

Die Möglichkeit solcher würde eine desto höhere Bedeutung haben, da dieser Küstenwinkel Afrikas, in der sogenannten Bight von Biafra, für den dortigen Charakter seines Klimas zu dem verrufensten auf der ganzen Erde gehört. Daraus erklärt sich eben das Dunkel, worin bis auf die neueste Zeit diese dem Meere anliegenden Gegenden verblieben sind. Sie wurden von jedem geflohen, und obwohl sie, nach einigen Berichterstattern, besser seien als ihr schlimmer Ruf, wagte sich doch niemand dorthin, wenn nicht nothgedrungen.

Dieser Fall trat ein, als der Sklavenhandel seine Tage gezählt sah. Die englische Flotte überwachte jeden Hafen der Küste, von dem in früheren Jahrhunderten Ausfuhr stattgehabt hatte, und so flüchteten die Sklavenschiffe als letzten Zufluchtsort in die Flussdelta der bis dahin wenig befahrenen Bucht. Einige Jahre hindurch wurden grosse Mengen von Sklaven aus dem Kamerun und Alt-Kalabar verschifft, bis dann die englischen Kreuzer die Baracoons auch dort aufzuspüren und mit ihnen kurzen Prozess zu machen wussten. Als nun der legitime Handel an die Stelle trat, in der Palmölgewinnung vornehmlich, die sich besonders längs der Wasserstrasse des Niger in grossartigem Maassstabe ausbreitete, traten bald aus den bereits eingeleiteten Beziehungen die benachbarten Flüsse hinzu und unter den Faktoreien am Kamerun wurden solche auch von deutschen Firmen begründet.

Zum Eingang in Afrika's Innere eröffnet sich hier ein vielversprechender Zugang, den für die Erschliessung des Innern zu verwerthen, schon seit Heinrich Barth's Erkundungen in Adamaua, und dortiger Wege zur Küste, mehrfach im Projekte gelegen hat. Als im Jahre 1872 die afrikanische Gesellschaft begründet wurde, schwankte anfangs die Wahl zwischen Angola, als Ausgangspunkt zum Muata Jamvo, oder dem Kamerun zum Vordringen in das Herz des Kontinents, und obwohl man sich schliesslich für die Loango-Küste entschied und auf diese sich die Aufrufe beziehen im Korrespondenzblatte der afrikanischen Gesellschaft, wird dasselbe doch in seinem ersten Hefte eingeleitet durch Mittheilungen aus dem Kamerun von deutschen Reisenden, die sich damals dort befanden (Dr. Dr. Buchholz, Reichenau, Lüders); und gegenwärtig finden sich diese Arbeiten durch Dr. Passavant wieder aufgenommen, der für seine Expedition den Kamerun zum Ausgangspunkt genommen hat.

Mit berechtigten Hoffnungen darf deshalb werthvollen Detailberichten entgegen gesehen werden, und diese werden ein besonderes Interesse besitzen im ethnographischen Sinne, da gerade jenes noll ino langere, welches diese Gegenden dem europäischen Kontakte länger entzogen hat, dadurch andererseits allerlei ethnische Originalitäten zu schützen vermochte, die anderswo vielfach mit Einleitung lebhafteren Wechselverkehrs unter den dadurch herbeigeführten Katastrophen bereits längst zu Grunde gegangen waren, ehe sie zu wissenschaftlicher Beobachtung gebracht werden konnten.

Für die ganze Zukunft der Ethnologie handelt es sich aber um die Vorfrage, ob es noch möglich sein wird, ehe zu spät, die Materialien zu sammeln, in ungetrübter Originalität, ohne welche die Induktion ihre Arbeit nicht beginnen kann.

Wir bedürfen also charakteristisch geprägter Aussprachen des Völkergedankens mit dem Typus seiner geographischen Provinz, um mit dem Studium des psychischen Wachsthums die organischen Gesetze festzustellen, welche hier gleichzeitig walten durch alle fünf Kontinente hindurch.

In den seit den letzten Decennien angehäuften Sammlungen ist es der Ethnographie bereits gelungen, eine Anzahl solch gleichartiger Elementargedanken zu markiren, die sich unter den Geistesschöpfungen des Menschengeschlechts mit eiserner Nothwendigkeit zu wiederholen haben als Produkte eines organischen Wachsthums im psychischen Leben der Völker, und genau identisch für die hier ursächlich waltenden Gesetze, obwohl an der Oberfläche verschiedentlich schillernd nach der Mannigfaltigkeit geographischer Variationen.

Ueberzeugende Beweisstücke für diesen Satz finden sich, nach dem bis soweit Bekanntgewordenen, vornehmlich in den hier behandelten Gebieten am Kalabar und Kamerun, und so mögen aus diesen ethnischen Parallelen zwei Vertretungen gewählt werden, eine aus den religiösen Vorstellungen, eine andere aus den sozialen Institutionen.

Der letzteren sei der Vortritt cedirt.

Wer sich aus Reiseberichten oder Lehrbüchern über staatliche Einrichtungen Westafrikas zu informiren sucht, wird dort auf die sogenannten »Kings« stossen, welche den Europäern als Repräsentanten der Regierungsgewalt zu gelten pflegen.

Es sind das im Grunde, wie bereits Bossman bemerkt, Häuptlinge (Ahin oder Ohin), deren Titel zu dem königlichen erweitert oder auch durch die Fremden erst als solcher ertheilt wurde.

Bei einigen der militärisch organisirten Staaten, in denen die herrschende Dynastie dem Eroberungsvolke angehört, mag, wie in Aschanti und Dahomey, von Königen in dem sonst mit solchem Worte verbindbarem Sinne gesprochen werden, während bei der Mehrzahl der übrigen »Kings« weder die Bezeichnung als König, noch auch selbst, bei schärferer Scheidung, die als Häuptling[1]) gelten könnte, sofern sich mit der letzteren die Vorstellung einer Stammesangehörigkeit verknüpft.

Was in derartig sogenannten »Kings« der westafrikanischen Küste dagegen als charakteristisch hervortritt, betrifft zunächst nur den Rang eines Vorsprechers des Gemeinwesens, desjenigen, der mit der Art und Weise der Fremden, vielleicht auch mit ihrer Sprache vertraut, den Verkehr mit denselben am geschicktesten zu führen weiss und deshalb von seinen Landsleuten damit beauftragt ist (wie später sog. Fiadores).

Zunächst ein Kaufmann gleich den übrigen, wird er durch die in seiner Stellung begründete Erleichterung des Vorkaufs schon einen Vorrang erwerben und mit dem Anwachsen seines Vermögens[2]), als der Reichere, bald über die anderen hinausragen. Den Fremden ihrerseits bleibt daran gelegen, die Macht dessen, mit welchem sie zu thun haben, möglichst zu stärken, um ihn, unter Anerkennung als Vertreter einer Gesammtheit, für diese zugleich verantwortlich machen zu können[3]). Man theilt deshalb Ehren aus an denjenigen, dessen Ansehen im eigenen Volke gestärkt werden soll, und schmückt ihn mit dem Titel des Königs oder

»King« (wie Römer die Barbarenhäuptlinge mit dem des Rex an den Namensendungen).

Die Beziehungen desselben zu seinen Mitbürgern bleiben, von der Vermögensverschiedenheit abgesehen, wenig verändert die früheren; aber man markirt bis zu einem gewissen Grade sein Recht, im Namen der Gesammtheit handeln, und bei Verstössen gegen den Gebrauch auch strafen, zu können, um den begehrten Verkehr mit den Fremden in ungestörtem Gange zu erhalten, obwohl diese dann manchmal wieder eine Ausübung weit grösserer Machtbefugniss von dem Könige verlangen, als ihm zusteht, so dass Missverständnisse nicht ausbleiben und an Streitereien kein Mangel ist.

Aber auch innerhalb des einheimischen Kreises fehlt es daran nicht, da bei jeder einigermaassen bedenklichen Krisis im Volksleben ein rein kaufmännisches Regiment sich zu schwach erweisen muss, mit Energie durchzugreifen und das Staatsruder zu führen; es mangelt die Autorität, die in anderer Weise beschafft werden muss und zwar, wie immer zur Festigung der Staatsgewalt und ihrer Repräsentation, aus mystisch-religiöser Weihe.

Ein elementarer Ersatz dazu findet sich überall auf der Erde, bei allen Völkern zu allen Zeiten, in dem, was unter begünstigenden Verhältnissen sich hie und da in der Geschichte zum Priesterkönigthum entfaltet hat, stets jedoch nur momentaner Dauer und deshalb meistens erst bekannt geworden aus den Trümmern bereits eingetretenen Zerfalles. Ohne auf diese bereits häufig besprochenen Verhältnisse weiter einzugehen, sei hier nur bemerkt, dass das auf der Westküste Afrikas

entsprechende Aequivalent⁴) in demjenigen zu suchen
ist, was sich vielfach als Juju-König, bezeichnet findet
(gleich Akoko am New-Kalabar, wie Kukulo⁵) an der
Kongo-Mündung u. s. w.), neben dem eigentlichen König oder »King«, und über demselben erscheinend.
Seine Stellung würde der des Mikado zum Taikun, des
Idaacanza zum Zaque u. dgl. m. entsprechen, sofern
wie in diesen Beispielen der König (oder King) an seiner
Seite ein Kronfeldherr wäre und das weltliche Schwert
zu Schutz und Trutz zu führen wüsste.

Für die Hände des friedlichen Kaufmannskönigs
passt das nicht, und so, bei Ausfall jeder Autorität,
droht sie einzureissen »die kaiserlose, die schreckliche
Zeit« des Faustrechts, mit dem keinem gedient zu sein
pflegt, und den Negern an afrikanischer Westküste
ebensowenig.

Das Mittel, sich dagegen zu schützen, ist nun auch
für sie genau dasselbe, wie es sich bei ähnlicher⁶)
Periode unserer Geschichte durch die Vehmgerichte geboten hat, wie es in neuester Zeit erst wieder bei Auflösung aller Bande gesetzlicher Ordnung in Kalifornien
in der »vigilance committee« sich benöthigte, wie es sich
bei den Naturstämmen überall in ihren Geheimbünden
bemerkbar macht, und in solcher Form auch in Westafrika. Am längsten bekannt unter diesen durch den
Schrecken der Fetischwälder herrschenden Gewalten ist
der Purrah-Bund der Timmanih, der Semo der Susu,
neben dem bereits degradirten Mumbu Jumbu in Senegambien, den Sindungo⁷) in Angoy mit zugehörigen
Parallelen, wie vielfach erörtert worden ist. Am Kalabar (oder Akpa-Efik) treibt der Idem-Efik sein Wesen
und damit verbindet sich dort sowohl, wie in Kamerun,

unter besonderem Hinblick auf Kräftigung kommerziellen Interesses der Egbo-Orden, dessen nach einem Cursus vorbereitender Prüfung aufgenommene Mitglieder unter geheimnissvollem Ceremonial zu den höheren Rangstufen (bis zum Nangnay, Okpoko, Kakuda, dem 9., 10., 11. Grad), empor steigen oder sich empor kaufen, (wie bei den geheimen Orden gesitteter Völker ebenfalls Sitte sein soll), wenn sie zusammenkommen, »stato tempore in silvam auguriis patrum et prisca formidine sacram« (die Semnonen); lucos ac nemora consecrant deorumque nominibus appellant secretum illud quod sola reverentia vident (bei Tacitus)[8]).

Der Egbo-Orden oder Efik (Tiger) ist in 11 Grade abgetheilt, von denen die drei obersten Nyampa, Obpoko oder der Messing-Grad und Kakunde für Sklaven nicht käuflich sind; andere Grade bilden oder bildeten der Abungo, Makaira, Bambim boko u. s. w. Der gewöhnliche Weg ist, dass Eingeweihte sich in die höheren Stufen nach einander einkaufen; das dadurch erlöste Geld wird unter die Nyampa oder Yampai vertheilt, die den inneren Bund bilden; dem König selbst kommt die Präsidentschaft zu, unter dem Titel Eyamba. Jede der verschiedenen Stufen hat ihren Egbotag, an welchem ihr Idem oder ihre gespenstische Repräsentation eine absolute Herrschaft ausübt, wie sie die Römer dem Dictator in kritischen Zeiten übertrugen, und auch Glieder anderer Stufen des Egbo-Ordens, wenn er ihnen begegnen sollte, mit seinen Strafen nicht verschont. Das Land befindet sich gleichsam in einem permanenten Belagerungszustand, der durch die Ueberzahl der Sklaven und Frauen nöthig wird, indem die traditionellen Gebräuche des alten Herkommens durch die regelmässig einander folgenden Egbotage und die damit verbundene Proclamirung des Kriegsgesetzes beständig ausser Kraft gesetzt und suspendirt werden. Sobald ein Egbotag verkündet ist, fliehen Sklaven, Weiber und Kinder nach allen Richtungen, da der Emissär des Idem mit seiner schweren Peitsche bewaffnet umgeht und durchaus nicht scrupulös in ihrer Anwendung ist. Eine gelbe Flagge auf dem Hause des Königs verkündet den Tag des Brass-Egbo oder des Messing-Grades, wo selbst von den Freien sich nur sehr wenige ausser dem Haus zeigen dürfen. So oft bei dem Egbo-Orden eine Klage anhängig gemacht ist und der Missethäter bestraft werden soll, wird durch geheime Ceremonien der im fernen Buschlande wohnende Idem citirt, der dann mit einer phantastischen Kleidung aus Matten und Zweigen von Kopf bis zu den Füssen bedeckt und mit einem schwarzen Visir vor dem Gesicht erscheint. Am Kameroon werden die Glieder des Ordens selbst durch ein in einem künstlichen Knoten geschürztes Laubwerk vereinigt, so dass sie sich als eine zusammenhängende Masse bewegen. Ein jedes, Mann, Frau oder Kind, hat das Recht, die Hülfe des Egbo gegen seinen Herrn oder seinen Nachbarn anzurufen, und dazu bedarf es nur, dass er ein Mitglied des Ordens auf der Brust berührt oder an die grosse Egbo-Trommel schlägt. Der Beanspruchte muss alsogleich einen Convent zusammenberufen, wo die Klage untersucht und, wenn gerecht, befriedigt wird. Erweist sie sich dagegen als unbegründet, so wird der Kläger bestraft; hat das Gericht ein Verdammungsurtheil gefällt, so läuft der Beauftragte mit seiner schweren Peitsche in der Hand und von einem lärmenden Gefolge von Egbobrüdern umgeben, direct nach dem Haus des Verurtheilten, aus dem sich niemand rühren darf, bis die Strafe vollzogen und gewöhnlich das ganze Haus zusammengerissen ist, so dass alle Einwohner mehr oder weniger Schaden nehmen. Während dieser Zeit, sowie überhaupt während der ganzen Dauer einer Egbositzung, würde es für jeden nicht dabei Betheiligten der

Tod sein, wenn er sich auf der Strasse blicken liesse, und erst wenn die Egbo-Trommel den Schluss des Gerichtes verkündet, können die Geschäfte des gewöhnlichen Lebens wieder begonnen werden. Mitglieder des Ordens sollen, wenn verurtheilt, das Recht haben im Rausch zu sterben. Leute, die auf Reisen zu gehen gezwungen sind, stellen meistens ihr Eigenthum unter den Schutz des Messing-Egbo, und ein gelbes Stück Zeug, das über der Thür angebracht ist, genügt, das Haus gegen jede Beschädigung zu schützen; der in den Messing-Grad Einzuweihende wird am ganzen Körper mit einem gelben Pulver eingerieben. Am Kameroon ist ein Bündel grüner Blätter, der an einen Pfahl gebunden wird, das Zeichen, dass das Eigenthum unter dem Schutz des Egbo steht.

Seine Entstehung soll der Orden der freien Egbos auf den Messen genommen haben, die auf einem grossen Oelmarkte des Innern (halbwegs zwischen dem Kalabar und dem Kameroon) abgehalten wurden. Da dort vielfache Unordnungen einrissen, der europäische Handel aber zur Aufrechterhaltung des Credits eine genaue Einhaltung der übernommenen Verpflichtungen forderte, so bildete sich dieses Institut als eine Art Hansa unter den angesehensten Kaufleuten zu gegenseitiger Wahrung ihrer Interessen und gewann später die politische Bedeutung einer Vehme, indem es die ganze Polizei des Kalabar und Kameroon in seinen Bereich zog. Die Könige suchen sich stets die Grossmeisterschaft in diesem Orden zu sichern, da ohne dieselbe ihr Ansehen zu einem Schatten herabsinkt. Europäische Capitäne haben es mehrfach vortheilhaft gefunden, sich in die niederen Grade einweihen zu lassen, um ihre Schulden leichter eintreiben zu können. Ein Mitglied des Egbo hat das Recht, den Sklaven seines Schuldners, wo immer er ihn finde, als sein Eigenthum zu beanspruchen, indem er eine gelbe Schleife an das Kleid oder

Tuch desselben befestigt. Der Charakter eines Egbo wird selbst im Innern noch geachtet und gefürchtet und giebt eine Unverletzlichkeit, wie sie für ausgedehntere Handelsspeculationen in Afrika durchaus nothwendig ist. Als Vorbereitung für ihre Aufnahme unter die freien Egbos werden am Kameroon die aufwachsenden Knaben für längere Zeit zu den Mukoko, einem Buschvolk des Innern, geschickt, bei denen sie nackend in den Wäldern leben und nur zeitweise, mit grünen Blättern behangen, hervorstürzen, um ein Bad im Flusse zu nehmen. Keine Frau, und vor allen keine Sklavin, darf sich bei schwerer Strafe dem Walde nähern, in dem sie sich aufhalten. Um einen Besuch, vorzüglich einen europäischen, besonders zu ehren, pflegt man am Kameroon die Egbo-Ziege vorzuführen, deren Anblick dem Volke sonst nur selten gestattet wird.

(Rechtsverhältnisse b. verschied. Völkern der Erde, S. 402.)

Das ganze Land Alt-Kalabar steht unter der Herrschaft der sogenannten Egbo-Gesetze. Dieselben werden durch eine geheime Rathsversammlung, die Egbo-Versammlung, erlassen, welche in einem eigens für diesen Zweck errichteten Hause, dem Palaver-Hause, abgehalten wird; als Vorsitzender dieser Versammlung fungirt, kraft seiner Souveränetät, der Herzog unter dem Titel Eyamba. Bei den unter ihm stehenden Egbo-Mitgliedern giebt es verschiedene Rangabstufungen, und alle diese Grade müssen nacheinander erworben werden. Zuweilen werden Engländer in diese Versammlung zugelassen; so hatte Capitän Burrell vom Schiff Haywood aus Liverpool den Rang eines Yampai, der von grosser Wichtigkeit ist, und dies war sehr vortheilhaft für ihn, da es ihm die Möglichkeit gewährte, alle Summen, welche die Eingeborenen ihm schuldeten, einzuziehen.

Die Namen und Preise der Rangstufen sind folgende:

1. Abungo 125 Bars,
2. Aboko 75 Bars,
3. Makaira 400 Kupferstangen,
4. Bakimboko 100 Bars,
5. Yampai 850 Kupferstangen,

dazu Rum, Kleider, Membo u. s. w.

Die Yampai-Klasse ist die einzige, deren Mitglieder die Erlaubniss haben, im Rath zu sitzen. Die für die verschiedenen Titel der Egbo bezahlten Summen werden ausschliesslich unter die Yampai vertheilt, welche übrigens nicht auf einen einzelnen Antheil beschränkt sind, denn jeder Yampai kann seinen Titel so oft vervielfältigen, als er Antheile hinzukaufen kann, und diese berechtigen ihn zum Empfang der entsprechenden Quoten aus dem Gewinne der ganzen Institution.

Die Art ihrer Rechtspflege ist folgende: Wenn jemand eine Schuldsumme nicht eintreiben kann oder ihm irgend ein persönliches oder anderes Unrecht zugefügt ist, so wendet er sich an den Herzog wegen der Egbo-Trommeln und macht ihn zugleich mit der Natur seiner Klage bekannt. Bewilligt der Herzog die Bitte, so tritt die Egbo-Versammlung unv züglich zusammen, und die Trommeln werd.. in der Stadt geschlagen. Sobald dieselben zum ersten Male ertönen, muss sich jede Frau in ihre Wohnung zurückziehen, bei Strafe der Enthauptung für Zuwiderhandeln, und sie darf aus ihrer Einsperrung nicht hervorkommen, bevor nicht die Trommeln zum zweiten Male ertönen, als Zeichen, dass der Rath beendet ist. War die Klage gerechtfertigt, so wird der Egbo zu dem Uebelthäter gesendet, um ihn wegen seiner Schuld zu verwarnen und Genugthuung zu verlangen, wonach niemand das von dem Schuldigen bewohnte Haus verlassen darf, bevor die Sache nicht beigelegt ist. Geschieht dies nicht bald, so wird ihnen das Haus über dem Kopf niedergerissen, wobei einige Menschenleben gewöhnlich verloren gehen. Doch tritt dieser äusserste Fall nur selten ein, denn wenn der Schuldige nicht selbst im Stande ist, die Angelegenheit zu ordnen, so geschieht dies meist von seinen Verwandten und Freunden. Der Egbo-Mann, das heisst der mit der Vollziehung Beauftragte, trägt eine vollständige Verkleidung, bestehend in einem schwarzen Netzwerk, welches von Kopf zu Füssen die Haut bedeckt, einem Hut mit langer Feder, Hörner auf der Stirn, einer langen Peitsche in der rechten Hand, einer am unteren Theil des Rückens befestigten Glocke und verschiedenen kleineren an den Knöcheln. So ausgerüstet verlässt er das Egbo-Haus und läuft mit seinen tönenden Glocken durch die Strassen bis zum Hause des Uebelthäters, hinter ihm her ein halbes Dutzend untergeordneter, phantastisch gekleideter Personen, von denen jede ein Schwert oder einen Stock trägt. (*Holman*.)

Egbo ist ein Geheimbund, unter dem Schutz eines göttlichen Wesens gleichen Namens. Eine Person, welche darin den höchsten Rang erhält, zahlt an jedes Mitglied eine Eintrittsgebühr, welche, wenn auch gering im Einzelnen, sich doch auf nahezu 100 £ beläuft, da etwa 1000 Mitglieder existiren. Die Mysterien werden nur von den Eingeweihten gekannt und dürfen bei Todesstrafe nicht verrathen werden. Alle Gesetze geniessen dasselbe heilige Ansehen. Der Bund besteht aus 10 an Ansehen und Macht verschiedenen Graden, von denen einige so tief stehen, dass Knaben und Sklaven sie erwerben können, andere wieder so hoch, dass sie nur Freien von alter Familie und hohem Rang erreichbar sind.

Die Gesetze des Egbo bezwecken nur das Wohl der eigenen Mitglieder, wogegen die allgemeine Wohlfahrt nicht berücksichtigt wird.

Die Gesellschaft besteht in Kalabar aus Edlen und Sklaven. Erstere sind mehr als frei; sie geniessen Privilegien, welche mit der Freiheit der Nicht-Mitglieder des Egbo unverträglich sind. Sind freie Leute, welche zu arm sind, diese Privilegien zu erwerben, in ihren Rechten gekränkt, so müssen sie einen Egbo-Edlen erkaufen, um ihre Sache vor ein Egbo-Gericht zu bringen, das, je nach dem Erfolg, einen grossen Gewinnantheil zu beanspruchen hat. Zuweilen ziehen solche Personen vor, sich selbst irgend einem mächtigen Häuptling zu verkaufen und seinen Schutz auf Kosten ihrer Freiheit zu gewinnen. Gleich allen exclusiven Gemeinschaften will das Egbo nicht freiwillig die Vorrechte seiner Mitglieder zu Gunsten niedrig stehender preisgeben. Was sie haben, halten sie fest. Uninteressirtes Wohlwollen ist keine heidnische Tugend. Das Egbo kümmert sich nicht um die Sklaven, sondern sorgt für absolute Autorität der Herren, indem es bewirkt, dass alle für einen einstehen, was er auch thun möge. Es scheint namentlich bestimmt, Frauen und Sklaven in Abhängigkeit zu halten. Frauen, wenn sie nicht mächtige Väter oder Brüder haben, müssen die entwürdigendste Behandlung der brutalsten Ehemänner ohne Widerspruch ertragen. Das einzige Gesetz, welches der Bund jemals zum Schutz der Sklaven erliess, wurde auf Anregung der Fremden gegeben.

Die Könige von Duke Town und Creek Town wurden von der Egbo-Autorität als solche nicht anerkannt. Sie besassen im Orden Macht als hohe Würdenträger, da jede Klasse ihr Haupt hat, aber nicht als Könige. Dieser Rang ist nicht erblich, sondern eingesetzt, um den Verkehr des Volkes mit den Fremden zu vermitteln. Eyo sagte mir häufig, dass er nicht König in unserem Sinne wäre und keine andere Macht hätte, als die ihm von den Weissen in den Landesangelegenheiten zugestandene. Da das Amt speziell mit Europäern zu thun hat, so hatten diese schliesslich bei der Erwählung mitzusprechen. Dies begann bei Eyambo, der ihre Unterstützung suchte, und blieb so bei seinen Nachfolgern, bis S. M. Consul kam und die Entscheidung übernahm.

Thatsächlich sind die Städte in Kalabar eine Anzahl kleiner Republiken, jede mit ihrem eigenen Oberhaupt und Rath, und zusammengehalten lediglich durch die Egbo-Verbrüderung, soweit sie von dieser für gegenseitige Vertheidigung vereinigt sind. Eyo erzählte mir, dass er über andere Städte keine Gewalt beanspruchen oder ausüben könnte, ausser wenn sie ihn als Schiedsrichter in schwierigen Fällen anrufen wollten. Doch indirect war er der mächtigste Mann im Lande und sein Einfluss machte sich überall fühlbar. Niemand könnte in Kalabar den despotischen Herrscher über freie Männer spielen, wie die Könige von Ashanti und Dahomey, welche die Köpfe ihrer Fallen in ihren barbarischen Händen zu halten scheinen. Jeder derartige Versuch würde vereitelt und bestraft werden durch eine Vereinigung der Egbo-Edeln, die sich auf ihre Autorität berufen und auf ihren Rechten bestehen.

Es giebt noch eine andere Persönlichkeit, welche, unter missbräuchlicher Anwendung des Titels, »König von Kalabar« genannt wird. Es ist das Ueberbleibsel des grössten Mannes im Lande, annähernd ein Pontifex Maximus, soweit ihr Aberglaube einen solchen zulässt. Er hatte das Amt eines Ndem Efik oder Gross Calabar Juju. Ihm bezeugten die Häuptlinge des Landes tiefe Ehrerbietung, während er sich vor Niemand verbeugte, und vor ihm und seinem Idol wurden die Familien- und Stammes-Verträge durch Eid erhärtet. (*Waddell.*)

Wie an der Egbo-Trommel knüpfen sich in Ost-**Afrika** (bei Wanika u. s. w.) die Geheim-Ceremonien an den Ton des Muansa genannten Instruments (auch in Guyana ähnlich verwandt), und bei Kioko schreitet (wie Tamatekapua bei Maori) Maquimbo auf Stelzen (s. Capollo) im Mummenschanz (gleich den Duk-duk Neu-Britannien's). »The secrets and meetings of Egbo men are strictly private« (s. Hutchinson), dort, wo meist vom stärkeren Geschlecht gerichtet gegen das schwächere (und die Sklaven), während mitunter die weiblichen Orden, (wie am Gabun), die Wage halten und bei den Qua sich unter den Sklaven der Geheimbund der Iukas[9]) bildet.

In der Hauptsache sind somit diese afrikanischen Geheimbünde, wie den Frauen, so besonders den Sklaven[10]) gegenüber gebildet, da Sklavenaufstände im »tumultus servilis«, seit plötzlicher Unterbrechung der früheren Ausfuhr in Westafrika, desto gefährlicher drohen. Im Waschen der Gräber seiner Vorfahren hat der Despot Dahomey's umfangreiche Aderlässe für nöthig erfunden, obwohl sich in bescheidenern Verhältnissen die Polizei[11]) durchschnittlich von den Fetischen versehen lassen kann.

Am Gabun stehen den männlichen Geheimorden auch weibliche gegenüber (wie in den Clubbergöll Palau's), wogegen an der Ostküste die Unterdrückung wieder auf den Frauen lastet, mit dem dumpfen Ton des Waldhorns verscheucht, das ebenso am Orinoco gehört wird. Vor Beginn der Feldarbeiten wird der Sterbetag des Muansa (bei dessen Ton Alles entflieht) gefeiert (unter den Wanika). Bei den Wakamba wird Hexerei durch das Geheimgericht der Kignole verfolgt, unter dem Heiligthum des Mbawani (Muansa der Wanika) genannten Lärm-Instruments.

Bei bestimmter Individualisirung der Obergewalt, überträgt sich die Executive auf die Leibwache (bei den Joloff), den Sofas (in Bambara), ähnlich wie bei dem benachbarten Geheimbund der Almusseri, und so im Süden:

In verschiedenen Ortschaften Angoy's, wie in Nutchisi, Matamba, Mekono (Tumba), Tschinsasa, sowie besonders in der eigentlichen Hauptstadt (Angoy), besteht der von Vater auf Sohn vererbte Geheimbund der Sindungo (Dungo im Sing), die nur unter umständlichen Ceremonien einen Candidaten aufnehmen und, ausser bei Regenbeschwörungen, dem Könige ähnlich dienen, wie dem der Jolof die gegen seine eigenen Unterthanen ausgesandten Soldaten, (wobei die Vermummung den Schrecken vermehrt, wie er ebenfalls dem Boten des Purrah- und Semo-Ordens vorhergeht). Die Sindungo stehen unter den Befehlen des Kuvukuta-Kanga-Asabi, eines Staatsbeamten, der sie auch bei gebotenen Gelegenheiten in den Wald, in dem ihre Sitzungen abgehalten werden, zusammenruft und dort die grotesken Blättergewänder, die zur Verhüllung dienen, austheilt. Sobald indess die Sindungo ihr Rüstzeug empfangen haben, treiben sie den Kuvukuta-Kanga-Asabi mit Schlägen in das Dorf zurück, als symbolisches Zeichen, dass jetzt das gemeine Gesetz für eine Zeitlang suspendirt sei und das Walten der dunkeln Vehme beginne. In ihrem phantastischen Aufputz und durch ihre Masken (wie die Klux-klux) unkenntlich, durchziehen sie das Dorf, wo sie das ihnen Passende sich zueignen und besonders in der Regenzeit wenig Widerstand zu fürchten haben. Um Regen auf die Erde herabzuziehen, bedienen sie sich des Fetisches Kokolo-Umkissie, und sie nehmen die Ceremonien, um sich seiner Mitwirkung zu versichern, bei Nacht vor, auf einem in der Mitte des Dorfes dafür hergerichteten Platz. Dieses wird so lange von den meisten Bewohnern verlassen; denn sollte Jemand husten oder sonst durch einen Laut die Stille der Nacht durchbrechen, so würde er von den in sein Haus einstürmenden Sindungo lebendig zertreten werden. Wer Schulden einzutreiben wünscht, wendet sich an den Kuvukuta-Kanga-Asabi, und dieser schickt die maskirten Sindungo aus, die, wenn sie keine Bezahlung erhalten, Hühner, Ziegen oder anderes Hausvieh tödten, reife Bananen abschneiden oder sich sonstiges Eigenthum des lässigen Schuldners aneignen. Die Theilnehmer an solchen Expeditionen bleiben wegen der Verkleidung unbekannt, und wenn die Sindungo bei ihrer Rückkehr aus dem Walde mit einem Bekannten zusammentreffen, haben sie die eine oder andere Ausrede fertig, ihre längere Abwesenheit und jetziges Vorhaben in unschuldiger Weise zu erklären. In der Hauptstadt Angoy werden die inneren Angelegenheiten der Sindungo von dem Tschisinbongo geleitet, dem der Mabobolo als Stellvertreter dient mit dem Kumbokutu, Sunyi, Tschinemantscho, Tendekele, Tendekele-Munsumbi-Ibulu als Gehülfen.

In Mekono, wo die Sindungo als (Empacasseiros oder) Soldaten des Königs gelten, zollen sie den Fetischen Lunga, Vemba, Lufunsu Verehrung. Die monströsen Masken sind aus leichtem Holz gefertigt und mit verschiedenen Farben bemalt. (D. Exp. a. d. L.-K. S. 221.)

Die religiösen Anschauungen lassen in Afrika gesättigter als irgendwo sonst denjenigen Hintergrund durchblicken, auf welchem sie spielen, im Leid des Lebens.

Trotz aller Tröstungen und Verheissungen, welche idealistische Religionen gewähren mögen, interessirt das Volk zunächst das Leid und die Qual des täglichen Lebens, hier empfindet es Schmerz und Noth und hier verlangt es deshalb Hülfe. Die Schuld des Leidens wird auf einen bös gesinnten Feind, ob sichtbaren oder unsichtbaren, geworfen und der Schutz wird bei den ϑεοί ἀποτρόπαιοι gesucht oder bei den Priestern, die deren Dienst bald zu erzwingen, bald zu erflehen vermögen durch die Theurgie des Kultus, und die es in disparaten Fällen auch vielleicht wagen, einen Bund abzuschliessen in der schwarzen Hälfte der Magie.

Der ethnische Elementargedanke, der hier gleichmässig überall thätig ist, entspricht dem, was Feuerbach als anthropomorphischen Charakter der Religion bezeichnet hat, in Personifizirung der Kausalität, indem der Wilde die Folgewirkungen eines Schädlich-Feindlichen in seinem Körper fühlend, nun die Ursächlichkeit in einer Wesenheit ausserhalb verkörpert; in einer, weil ihm feindlichen, also bösen, und, weil nicht gesehen, sondern nur gedacht, somit gespenstisch-dämonischen.

Und daher nun die ganze Buntheit der Gespensterwelt in mythologischen Vorstellungen nach den lokalen Variationen geographischer Provinzen.

Durchweg somit auf der Erde bei den Naturstämmen nicht nur, sondern auch in den Unterschichtungen der Kulturvölker treffen wir die Schrecken der Deisidämonie, die Ausgeburten der Höllenpein in fratzenhaften Verzerrungen ringsum, das Wohlsein des Menschen bedrohend —, stets ein und dasselbe Gedankending, das sich in ethnologischen Sammlungen bis zur Monotonie zu häufen beginnt, sobald in gleicher Bedeutung wiedererkannt unter dem Wechsel topographischer Masken und den verschiedenen Namensbezeichnungen, je nach dem Sprachdialect.

Für dieses wilde Heer nun, da die Abwehr im Einzelnen nicht auszureichen pflegt, hat sich jedem der ethnischen Kreise, so viel wir deren auf dem Erdball vorfinden, ein allgemeiner Reinmachetag nöthig erwiesen, um wenigstens einmal im Jahre reine Bahn gemacht zu haben und ein neues Leben gleichsam mit frischen Hoffnungen zu beginnen, — freilich kurzen nur, die kaum den Jubelstaumel des Festes überdauern, aber denen man dann doch wieder auf das nächste Jahr hin sich schmeichelt, entgegensehen zu dürfen.

Wie sich solche τῶν κακῶν ἀνείρεσις (einer Magophonie) in den Februalien, wo wir sie treffen: im Situafesto der Inka, in mexikanischem Umlaufe des Tetzonpak im Monat Tozottontli, im Jûng-Tûn-Atana[17]) der Sia' ›sen u. A. m. gestaltet (oder bei sonstigen, auf fortgeschritteneren Kulturstufen noch erkennbaren, Ueberlebseln), dann unter den Indianern, Negern, Papua, Alfuren (und den Naturstämmen, quantos hai) —, das ist bereits so vielfach und wiederholt zur Erörterung gekommen, dass, ohne darauf einzugehen, bei dieser Gelegenheit nur die am Alt-Kalabar geläufige Version zunächst zu wiederholen wäre:

Eine merkwürdige Sitte existirt in Alt-Kalabar, es wird nämlich alle zwei Jahre die Stadt von allen Teufeln und bösen Geistern gereinigt, welche, nach Ansicht der Autoritäten, während dieser Zeit von ihr Besitz ergriffen haben. Sie nennen dies Iudok, und eine ähnliche Ceremonie wird jährlich an der Gold-Küste gefeiert. Zu einer bestimmten Zeit wird eine Anzahl Figuren, »Nabikems«, hergestellt und hier und da in der Stadt vertheilt. Diese Figuren, denen man verschiedene Gestalt giebt, werden aus Stäben und Bambusgeflecht angefertigt. Einige sehen wie menschliche Körper, mit Armen und Beinen, aus. Phantasievolle Künstler statten diese Produkte mit einem alten Strohhut aus, geben ihnen eine

Pfeife in den Mund und einen Stock in die Hand, als wenn sie zu einer Reise gerüstet wären. Einige dieser Figuren sollen Vierfüssler vorstellen, andere Krokodile oder Vögel. Von den bösen Geistern wird angenommen, dass sie nach 3 bis 4 Wochen in Ihnen ihren Aufenthalt nehmen, was meines Erachtens eine grosse Geschmacklosigkeit der vagirenden Geister ist. Kommt die Nacht ihrer allgemeinen Austreibung heran, so sollte man meinen, die ganze Stadt wäre verrückt geworden. Die Bevölkerung isst und trinkt festlich und zieht dann in Gruppen aus, um in alle leeren Winkel zu schlagen, als ob dort empfindende Wesen zu verjagen wären; dabei machen sie Hallo aus Leibeskräften. Schüsse knallen, die Nabikems werden mit Gewalt umgerissen, in Brand gesteckt und in den Fluss geworfen. Die Orgie dauert bis zur Morgendämmerung und die Stadt ist dann für weitere 2 Jahre von Geistern befreit. Ein seltsamer Widerspruch mit ihren Ideen über die Ausrüstung, welche den Todten zu ihrer Reise in die andere Welt nöthig ist. (*Hutchinson*.)

Beim Lärmen des zweijährlichen Ndök (that the spirits of the departed, who have died since the last Ndök may be driven from the abodes of men), »the Nabikim, in which the ghosts (Ekpoes) may have taken refuge«, werden ins Wasser geworfen (zur Reinigung).

Die alle zwei Jahre wiederkehrende Reinigung der Städte am Kalabar von allen Teufeln und Geistern fand an einem vorher bestimmten Tage Anfang December statt. Sie heisst Ndök. Während einer mehrtägigen Vorbereitungszeit wurden vor allen Thüren rohe Figuren von Kühen, Elephanten, Tigern, Alligatoren und anderen Thieren aufgestellt, welche aus Stöcken und Gras gebildet, mit Tüchern bedeckt wurden und Nabikim heissen. Ihr Zweck wurde uns nicht gesagt, vielleicht war die ursprüngliche

Idee denen, welche die Gewohnheit fortsetzten, selbst nicht mehr bekannt.

Am Abend vor der Ceremonie liess der König mir sagen, ich möchte mich am nächsten Morgen nicht beunruhigen, wenn ich Lärm in der Stadt höre, »da um 3 Uhr Jeder, Mann und Frau, mit dem Thürklopfen anfange.« Ungeachtet dieser Warnung liess der Sturm von Getöse, welcher zur genannten Stunde erweckte, mich so angstvoll auffahren, dass ich verwirrt aus dem Bett sprang und ans Fenster lief, um die Ursache zu erfahren. Es machte den Eindruck eines Orkans, der im Sturm einen Wald niederbricht, oder über eine Flotte von Schiffen dahinbraust, wobei das Geschrei von tausend Ertrinkenden sich mit dem Heulen von Wind und Wellen mischt. Im nächsten Augenblick durchzuckte mich der Gedanke, dass die Stadt vom Feinde erstürmt sei. Ueberall das Knattern des Kleingewehrfeuers, von Zeit zu Zeit Kanonendonner am Strande; tausende von Stimmen brüllten und heulten, des Königs grosse Glocke läutete die ganze Zeit hindurch, und der ganze Ort tönte wieder von dem Gepolter grosser Stöcke, mit denen die Thüren bearbeitet wurden, ähnlich dem Waffengeklirr in der Schlacht.

All der wilde Aufruhr sollte den Teufel aus der Stadt treiben und konnte jeden andern, als den Teufel, wohl erschrecken. Die Kühe, welche für gewöhnlich ruhig auf dem Markte schliefen, wurden fast toll, galoppirten die Strassen auf und ab, mit hocherhobenen Köpfen und Schwänzen, und wussten nicht wohin. In der Frühe des Morgens wurden alle Häuser vom Dach zum Boden gründlich ausgekehrt, Kehricht und Sabikim zum Fluss geschafft. Hiernach wurde angenommen, dass nunmehr alle Geister und Teufel auf und davon zu den Schatten wären.

Dabei gab es mitunter Ausbrüche wirklichen Kummers, bei dem Gedanken an verstorbene Verwandte, die schliesslich so weggetrieben wurden — herzbrechend leidenschaftliche Klagen. Die Macht des Beispiels und der Sympathie war so gross, das Sklaven aus weiter Ferne wie die Kalabar-Leute schrieen, nicht einer wusste weshalb eigentlich, bis der König ihnen sagte, sie möchten sich nicht so betrüben, da ihre Väter und Mütter nicht in Kalabar gelebt hätten und dort nicht gestorben seien. Wir scherzten an Eyó's Tafel über die Sitte, bez.nders über die Querköpfigkeit der Qua-Leute, welche für die Ndok-Ceremonie nicht denselben Tag festsetzten, wie Kalabar, sondern einen Tag später. Die Folge dieser Nichtübereinstimmung war, dass die Absicht beider vereitelt wurde. Die Kalabar-Geister schwebten in der ersten Nacht den Fluss entlang zum Qua-Territorium, wo sie Ruhe fanden, und zogen in der nächsten Nacht, als sie von dort vertrieben wurden, wieder zurück, und ihre Nachbarn mit ihnen. Es ist leicht ersichtlich, dass diese Leute keine guten Christen vom alten Schlage waren, sonst hätten sie sich des Tages wegen gegenseitig verfolgt und excommunicirt, wie die östliche und westliche Kirche es vor Alters thaten wegen der richtigen Osterzeit. (*Waddell.*)

In solchen Grenzverletzungen mögen sich Streitigkeiten bis zu dauernden Fehden entwickeln, wie zwischen den Inseln der Nicobaren, wenn an den Küsten die mit Schuld beladenen Geisterschiffchen antreiben. Die Lockpuppen (eines ἄωρα-Festes) wurden bei den Reinigungen in Fiji ähnlicherweise verwandt, wie einst in Rom. Laneae effigies, compitalibus, noctu dabantur in compita (s. Festus), in Rom, wo der Besen des Everricator zum Auskehren diente, — frei zu werden vom »Ekpo« (very bad), identificirt mit »ghost« (in τεκύσια). Die Postiler-Jagd (der Frau Faste) verband sich (im Zersägen) mit dem Tod-Austragen (an der dominica laetare des Mitfasten), und weiter hätte nun eine lange Reihe fernerer Kettenglieder zu folgen (gleicher Elementarvorstellung).

II.

Wie an andern Theilen der Westküste, treffen wir auch auf dem, durch die Expedition des deutschen Kriegsschiffes näher gerückten Terrain des Volta, auf den Berührungsstrecken der Gold- und Sklavenküste, eine Anzahl jener charakteristischen Gedankenverkörperungen, in welchen sich der Völkergedanke in seinen eigenthümlichen Gestaltungen manifestirt, unter denjenigen Formen, welche von ihm, je nach den Phasen des Wachsthums, überall auf der Erde, bald hier, bald dort, anzunehmen sind, religiös und socialpolitisch. Da ist zunächst der theilweis unsichtbare König von Anlo [13]) in seiner Behausung gehalten, wie es von dem alten Sabäer erzählt wird, und durch die bindenden Verpflichtungen der Fetische (oder Mokisso) in den Aeusserungen des eigenen Willens auf vielfache Art beschränkt, wie in buntester Mannigfaltigkeit von den Königen Westafrika's früher und jetzt erzählt wird. Der mit der Obhut des Volkes Betraute hat dasselbe nicht nur gegen seine körperlichen Feinde, — zu welchem Zweck ihm ein jüngerer und kräftigerer Regent, als »dux ex virtute«, oder ein Tua (Tapferer) bei den Maori, beigegeben wird, — zu schützen, sondern vor allem auch mit der unsichtbaren Welt in harmonischem Einklang zu halten durch Abwehr der bösen Mächte sowohl, wie ausserdem durch zusagende Vertragsbedingungen mit den guten und gütigen, um sie, (durch welche Regen und Segen gespendet oder durch Strafen geschlagen werden mag), in kulturellen Riten günstig gestimmt zu halten. Die Abwehr betrifft meist die der Krankheiten, deren Leiden jeder Einzelne in seinem Körper spürt, als durch feindliche Dämone veranlasst, gegen welche der Kampf in der Geschichte des Volkslebens stets einer besonderen Klasse der Zauberpriester überlassen zu werden pflegt, welche derartig gefährliche, aber dann im Glücksfalle auch stets desto einträglichere, Operationen zu übernehmen bereit sind. Die Hauptsache dagegen, was das gesammte Gemeinwesen gemeinsam interessirt, sind die Vorbedingungen materieller Existenz selbst, im täglichen Brot: dass nämlich also einem Jägervolke regelmässig seine Jagdthiere geliefert werden, (wie im magischen Tanz der Indianer herangezaubert), oder dass beim Ackerbau die Vornahmen für denselben ihren normalen Verlauf nehmen, unter regulirendem Einfluss der Witterung vom Pflanzen bis zur Ernte, so dass diese Funktionen dann in die Ordnung der Jahresfeste [14]) übergehen, wie bei den Irokesen, oder ferner in die astronomischen Lehren der Priesterklassen (bei Chaldäern u. s. w.). Eine einfachste Form hierfür würde z. B. in den sogenannten Regenmachern vorliegen, so lange dieselben noch als besonders beauftragt neben dem König, der sich von lästigen Pflichten bereits loszumachen gewusst hat, funktioniren, wie bei den Bantu, unter Stämmen am Bahr-el-Abiad dagegen als der König selbst (gleich dem König Chuve, dem Regenkönige Bomma's); und dass die Beziehung zum

Regen als zunächst vorwiegend auftritt, ist bei dessen Bedeutung für das Gedeihen der Früchte an sich erklärlich. Später dann komplizirt sich die Theorie in detaillirtere Einzelheiten für die verschiedenen Vorgänge im Pflanzenwachsthum aus dem Schoss der Mutter Erde herauf, so dass eine günstige Stimmung der Demeter, oder ihrer Tochter Proserpina, in Mysterien zu gewinnen rathsam war, und wie die Römer ein ganzes Heer der hier entsprechenden Gottheiten aus ihren Indigetes vorzuführen vermochten (bei Varro), so lag in Afrika wie anderen Königen auch dem Angoy's ein umständlicher Kursus auf, um sich mit all den Fetischtempeln seines Landes in Einvernehmen zu setzen (D. E. a. d. Lngk. S. 221), ehe er in die Würde des gekrönten Königs zu gelangen vermochte. Ging indess trotz all solcher Vorsicht mehher dennoch etwas fehl, so konnte die Schuld nur in seiner eigenen Unwürdigkeit liegen; er wurde dann schlechten Herzens (Umkillu-umbi) beschuldigt und abgesetzt in Loango oder anderswo getödtet, wie König Domaldr bei den Schweden, der König der Fouyou (s. Matuanlin), der Aetoler u. s. w. Auch in China trägt der Kaiser ähnliche Verantwortlichkeit und hat deshalb bei Misswachs und Landplagen vom Throne zu steigen und Busse zu thun, wissentliche oder unwissentliche Sünde zu büssen. Wenn rein und heilig in ungetrübter Tugendkraft, dann müsste sein Gebet ebenso wirksam sein, wie das des frommen Acacus, dem Lande Segen und Ueberfluss zu verschaffen (gegen gute Verpflegung[16]), wie den Talapoinen zu Theil werdend). Da dies nun aus der Launenhaftigkeit meteorologischer Prozesse, welche Vorhersagungen allzu oft auf bedenkliche Probe stellen, nicht zu geschehen pflegt, bleibt das Volk zu murren geneigt, und es leiten sich daher hier historisch von selbst diejenigen Katastrophen ein, bei welchen das Priesterkönigthum auseinander bricht in seine weltliche und geistliche Hälfte. Hiefür bieten sich zwei Wege: entweder wird es der König selbst überdrüssig, länger auf stete Gefahr des Lebens hin für die Tagesbedürfnisse im Wohlsein seiner Unterthanen zu sorgen, und macht dann, wenn das Priesterkollegium seiner geistlichen Kollegen ihn ferner dazu zwingen will, von solchen Banden sich gewaltsam frei, wie Ergamenes in Meroe, oder der neben dem durch die Tempelhandlungen beanspruchten Priesterkönig ausserdem für aktive Heeresführung in Zeiten der Gefahr benöthigte Kronfeldherr, (gleich dem Braffu nnter den Fetu oder dem Fia, als Feldherrnkönig der Eweer), wird bei günstiger Gelegenheit keine Schwierigkeiten haben, sich neben einem »roi fainéant« vorzudrängen und selbst auf den Thron[16]) zu setzen als Shaigun oder Zaque, (wie auch in Tonga zu Finau's Zeit der Tiu-Tonga vor seinem Majordomus in den Hintergrund trat). Es liegt dabei in seinem eigenen Vortheil angezeigt, das Schattenbild jenes geheiligten Phantoms neben sich fortbestehen zu lassen, schon um alle die mit zweifelhaftem Ausgange verknüpften Ceremonialhandlungen Ihm zuschieben und überlassen zu können. Gleichzeitig jedoch wird er die unbeschränkte Macht, die ihm zugefallen ist, in vollster Willkür fühlbar machen können, oftmals selbst bis zur Beschränkung der Regierungszeit, (wie bei Tolteken, in Cochin u. s. w.), um periodisch die Stelle mit eigenen Kreaturen neu zu besetzen. Auch hiefür hat wieder der jetzt behandelte Erdstrich ein Ueberbleibsel geliefert in dem König der Eyeos[17]), der auf Zusendung von Papageifedern sich selbst zu tödten hatte, bis dagegen rebellirend. Es scheint dies zugleich auf eine Vertretung des auch bei den Aschanti königlichen Geschlechts der Anona (Papageien) hinzudeuten, welches dort in den Stammeswappen neben dem der Aqona (Büffel) aufgeführt wird. Und wenn, wie Bowditch bemerkt, sich die Angehörigkeit dort nicht politisch, sondern aus solchen Geschlechtsverwandtschaften regulirt, so führt das auf die überall in primordialen Verhältnissen durchblickende Gentilverfassung, die bei den Irokesen selbst noch zur Zeit ihrer politischen[18]) Macht in voller Wirksamkeit geblieben, wenn sich durch die Völker des Fünfbundes die gleichartigen Totem hinzogen, (und so bei Kobong in Australien, u. s. w.).

Ein auf seinen Feldzügen zu Triumphen geführter Erobererkönig, gleich dem der Aschantie, wird rasch die kleinlichen Bande[19]) abschütteln, womit man anderswo die Fetischkönige zu fesseln sucht, z. B. in Angoy:

> In den Vorbereitungs-Ceremonien für die Krönung hat der König zuerst im Dorfe des Mambuk (in Kabinda) eine vorgeschriebene Zeit zu verweilen, dann in Umtenda zur Verehrung des Fetisch Kwiti-kwitti, dann in Manafula, dann in der Waldeinsamkeit von Katte, wo die Ansprüche der dort herrschenden Prinzessin zu befriedigen sind, dann in Chlau (bei Puerto Rico), um mit dem Lunsunsi, dem dämonischen Fürsten der Küste, ein Abkommen zu treffen, dann in Mongokaiye (bei Angoy), dann in Mongo-Tombe, wo für jede geschlechtliche Vermischung dem Fetisch Inbanganga Söhne zu zahlen ist, dann in Chifolulo, um die Fetische Bunga und Umsinga zu beschenken, dann in Chimgukolambungo, wo der Fürst Kavukete seine Bedingungen stellt, dann in M'tuntu, um die Fetische Inzinbinganga, Umsinga und Lunga zu sühnen, dann in Mangalumbe, ein Platz in Angoy, an den Wald stossend, der die

Königsgräber deckt. In jedem Krondorf muss der Krönungscandidat so lange verweilen, bis die von ihm gepflanzten Bananen genügend gereift sind, um essbare Früchte zu liefern. »Des Königs Schwester, sobald das Kind gebohren ist, hat das Dorf Kina zum Leibgedinge und darf kein Schweinefleisch essen. Wann es älter wird, besucht es Moanza und darf keine Kola-Frucht und etwas anders mit Jemand essen, aber wohl allein. Dan geth es bey Ganga Simeka, und dan mag es keine Hühner essen, als welche es selbst getödtet und gekocht hat, doch anders nicht, als allein, auch mus es das übrige begraben. Wan es nun in Salassi kommt, so hat es wieder andere und mehr Mokisien, und eben also zu Buke und Kaje, bis es König von Lovango wird« (Dapper).

Der König von Angoy kann nicht gekrönt werden, wenn er (was auch bei den Jaina ein Veto einlegt) irgend einen Defect am Körper hat, einen gebrochenen oder gefeilten Zahn, die Narbe einer zugeheilten Wunde, die vom Schröpfen gelassenen Hautritzen u. s. w.

Auf dem Umzuge des Königs von Angoy bildet Umschisu den letzten Platz, in dem er vor der Krönung zu verweilen hat. Wenn sich aber dort zufällig eine Fliege auf seinen Körper setzt, so wird er baldigst sterben, und jedenfalls ist der Werth aller vorhergegangenen Ceremonien null und nichtig, und er müsste sie, mit allen daran geknüpften Bezahlungen auf's Neue beginnen, wenn so, nach der Enttäuschung eines halben Lebens, die Absicht festgehalten würde, die Krone zu erlangen. Gewöhnlich scheitern die Candidaten schon früher, da die schwierigen Verbote, deren Bruch alles Vorangegangene nullificiren würde, mit Stufe zu Stufe zunehmen (und ebenso die Unkosten).

So lange der Thron Kongo's seines Herrschers ermangelt, durfte in der Nachbarschaft der Dörfer kein Ackerbau getrieben werden, und während dieser königlosen Zeit herrschte das Faustrecht

und allgemeine Willkür, die erst ihre Beendigung
fand, wenn nach Ausführung des Sarkophags das
Begräbniss stattfand und dann eine neue Krönung
gefolgt war.
D. Exp. a. d. Loango-K. (S. 221).

Ist dem Lando nun das Glück zu Theil geworden,
mit einem gekrönten König gesegnet zu sein, so wenden
sich ihm dadurch die Segnungen der Naturgeister zu:
»Bunsi gilt als die Mutter aller Fetische (Mama
Mamkissin), und der Vater, der den Donner und
Blitz in seiner Hand führt, wohnte in Simboyakanga oder Unjumba- Unkanga (bei Tschimboanda). Zuerst schuf Zambiampungo den Fürsten,
als Ma-Goy oder König von Angoy, und dann
für seine Hut den Fetisch Bunsi, der, so oft ein
gekrönter König auf dem Throne Angoy's sitzt,
an dem Kulla-Mioba genannten Orte aus der Erde
redet. Niemand darf sich diesem geweihten Grunde
nähern, und neben dem Orakelhaus findet sich
unter einem Ameisenhaufen das Grab eines Gottlosen, der in die Umzäunung einzutreten wagte
und stracks von dem Fetisch niedergeworfen wurde.
Von Kongo kam der Fetisch Bunsi als Bunsi di
Katalla nach Katalla (bei Porto da Lenha) und
dann auf dem Fluss Tondo nach Chimsinda, wo
er (im Gebiet des Mambuk von Moanda) seinen
Sitz im Haupt des Ganga Mamsinda-Malundo
aufschlägt«.
D. Exp. a. d. Loango-K. (S. 223).

Der deutlich consolidirten Gestalt eines mit politischen Functionen hervortretenden Königs, gehen schwankendere Schemen halbmythischer Dichtungen voran:
»Bei Shark-Point in der Nähe des Point Padron (wo noch im Dickicht die Reste des, zum
Ersatz des ersten, aufgestellten Steinpfeilers sich
finden) lebt Kukulu unnahbar in einem Walde,
dem sich die Neger nur knieend nähern. Dieser

vom Fürst Mani-Malella in Kimbikabemba eingesetzte Priesterkönig (in Tschitschi-Kambembe) darf keine Frauen berühren und ist auf den Umkreis seiner Wohnung angewiesen, ja in derselben an seinen Stuhl gefesselt, auf dem er auch die Nacht in sitzender Stellung zu schlafen hat, weil, wenn er sich niederlegte, kein Wind sich erheben würde, und die Schifffahrt gehemmt sein. Er regulirt zugleich die Stürme und überhaupt den gedeihlichen und gleichmässigen Zustand der Atmosphäre (wie Aehnliches von dem Thronsitz des japanischen Mikado erwartet wurde). Wenn sein Ende gekommen ist, darf der Kukulu nicht liegend begraben werden, sondern er wird ohne Sarg in einer Grube beigesetzt, in hockender Stellung auf den Kattu-Sankondo genannten Baum gestützt. Der Gebrauch der von den Weissen gebrachten Artikel ist ihm verboten. »Der König von Sonho darf keine europäischen Waaren anrühren oder tragen, auch mag er von Niemand, der solche Waaren trägt, angeführt werden. Und dieses hat ihm der Teufel auferleget und verbothen.

Wer zum Fürsten erhoben wird, geht zu Suakissie (onso toba kin fumo kun Suakissie), zu der dem Kukulu gehörigen Figur Toto oder Suabume Kianji (unter dem Ne-Capitan-Ouesoyo) um seine Weihe zu empfangen.«

D. Exp. a. d. Loongo-K. (S. 287).

Mit festerer Umschreibung der Staatsgewalt, in klarerer Loslösung[20]) aus mystischer Traumeswelt (in den Kinderjahren des Völkerlebens), muss bei solcher Scheidung nun zugleich das Priesterthum in bestimmteren Formen hervortreten, und zwar auch hier in gesetzlich nothwendig bestimmten, welche wir deshalb überall gleichartig wiederfinden, gleichartig dem Kern und Wesen nach, so buntfarbig verschieden es an der Oberfläche auch schillern mag (nach der Mannigfaltigkeit geographischer Provinzen).

Die Functionen bleiben dieselben, wie früher im Priesterkönigthum, und jetzt, seitdem die weltliche Hälfte herausgeschnitten ist, ganz und gar auf das unsichtbare Jenseits hingewiesen, vor Allem also im Auftrage des Staates die meteorologischen Prozesse, zum Besten der Ernte — (nämlich der Vorbedingung menschlicher Existenz überhaupt, im täglichen Brot) — in Ordnung zu halten, durch Regulirung der Jahresfeste, wie es im Hodenausch den dort die Priester-Klasse vertretenden Festordnern auflag.

Für formellere unter den offiziellen Cultushandlungen mag sich auch direct die Namenbezeichnung aus priesterfürstlicher Vergangenheit[21]) bewahren, im Rex sacrificulus oder Archon Basileus (für die $πάτριοι\ θυσίαι$), während sich die Hierarchie für ihre Einzelheiten je nach der Götterwelt gestalten wird, welche das Volk bereits umglobt oder demselben ausserdem zugetragen wurde.

Um die aus diesen übernatürlichen Mächten als mächtigste Erkannten in guter Stimmung zu halten, werden ihnen an ihren Tempeln, im heiligen Bezirk des Temenos, (oft eine selbstgewählte Stätte), Priesterdiener bestimmt, wie den Wong (Mawu's Engelsboten) ihre Wulomo unter den Eweern, den Flamines entsprechend, bei denen Numa für gerathen fand, drei grosse den grossen zu weihen (Dialis, Martialis, Quirinalis), während die minores (bis auf Pomonalis) ihre Zwölfzahl in der Kaiserzeit noch zu vermehren vermochten (mit Augustales u. s. w.).

Der Wulomo, im täglichen Verkehr mit seinem Wong, den er zu speisen und zu putzen hat (auch zu baden vielleicht, wie Hertha's Priester, im Lectisternium zu pflegen, gleich Bhixu u. s. w.), wird, als aufmerksamer Kammerdiener, mit den Launen seines Herrn bald weit besser vertraut sein, als ein Aussenstehender, so dass es solchem nicht gerathen sein dürfte, im Tempel opfern zu wollen, ohne den »Sopher« desselben zu Rathe zu ziehen, und sofern er sich mit diesem gut zu stellen weiss, kann er dann, wenn antwortsbedürftig auf Fragen, darüber durch das Medium des Vermittlers[22]) das Eine oder Andere von dem Gotte erfahren, da dieser, wenn auch — (ausser an Orakelstätten zuweilen) — nicht mit hörbarer Stimme, doch durch allerlei Anzeichen reden mag und sein getreuer Rechnungsführer dieselben verstehen.

Sehr tief indess pflegt auf diesem, etwas unbehülflich umständlichen, Wege der Scharfblick in die Mysterien des Jenseits nicht vorzudringen, und so hat sich für die vielfachen Anliegenheiten, die das Volk in seinen privaten Angelegenheiten, besonders auch für die körperlichen Leiden in Krankheiten, an die »unsichtbaren Mächte« zu stellen hat, durchweg auf der Erde eine zweite Modification des priesterlichen Charakters nothwendig erwiesen, welche als Ergänzung zur offiziellen, in loseren Formen hinzutretend, deshalb einer weit freieren Entwickelung sich fähig erweist, aber dadurch auch (bei weiter gewagten Abschweifungen bis über die Grenzen der Orthodoxie hinausgeführt), in das gefährliche Schachspiel schwarzer und weisser Magie hineingerathen mag.

So erscheint neben dem Hiereus der Mantis, manchmal noch als gottgeheiligter Prophet[23]), im nächsten Anschluss an altes Priesterkönigthum und offiziell beglaubigt, wie bei den Kuren, dann aber bald allerlei Lockungen preisgegeben, sich auch mit den verdächtigen Mächten des Jenseits im Verkehr einzulassen, und dies um so leichter, weil es hier gerade viel nichtsnutziges Gesindel giebt, die jeden Augenblick bereit sind, in den Kopf eines Ganga (an der Loango-Küste) einzufahren, um ihn, kraft eigener Besessenheit, zu befähigen, andere zu exorzisiren. Hier tummelt sich nun der ganze Wirrwarr jener zweideutigen Gestalten auf verschiebbarem Grenzgebiete, bis im jedesmaligen Fall der Endoxe deutlicher erkannt, überwiesen und (durch Erisere u. s. w.) vernichtet ist (oder auf dem Scheiterhaufen als ein Hechicero und Feteiçero). Wie ähnlich bei den Eweern, tritt in der Priesterschaft der Odschi neben dem Wulomo der Wongtchū hervor, der dem Dienste eines besonderen Gottes (oder Wong) dedizirt von diesem begeistert werden mag, und diese Klasse der Seher gelangt dann bald dahin ihre Inspirationen aus der Todtenwelt abgeschiedener Seelen zu entnehmen, mit denen sich (weil vom Leben her menschlich vertraut) um so leichter communiziren lässt.

Für wirksame Hülfe wendet man sich an diejenigen, denen solche schon auf Erden zugetraut worden sein würde, also an die Vornehmen, an die Herren [24] (gegenüber den οἱ πολλοί), oder den Chao, den siamesischen Heros, der bei den Siamesen für Orakel herabsteigt (mit ähnlichem Titel).

Unter den verschiedenen Ansprüchen des Publikums sind die häufigsten (und also auch einträglichsten) die auf Körperleiden bezüglichen, und wenn der Kräuterarzt nicht mehr helfen kann, mag die Aitiologie aus göttlicher Prognosis festgestellt werden. Ein zürnender Gott, der mit Krankheit geschlagen, wäre zu sühnen, ein Teufel, der aus purer Bosheit quält, zu verscheuchen, und wenn es mit der Seele des Patienten nicht in Ordnung ist, diese zu curiren, oder (durch Angekok) zu flicken, wie bei Karen die Wih verstehen (auch für die Seele oder Kelah des Reis).

Wie Aristoteles die amtlichen Opfer der Magistrate von den hieratischen des Priesters (als Vorstehers eines Temenos) unterscheidet, so finden sich in China, neben dem vom Kaiser selbst geleiteten Staatscult, eine Auswahl von Religions-Culten (je nach idiosyncrasischem Vorzug). Neben den $\vartheta\varepsilon o\grave{\iota}\ \pi\alpha\tau\varrho\tilde{\omega}o\iota$ (der Geschlechter) bilden $\pi\acute{\alpha}\tau\varrho\iota o\iota$ »alle gesetzlich recipirten Götter« (s. Herrmann), und dem gegenüber fallen $a\grave{\iota}\ \tau\varepsilon\lambda\varepsilon\tau\alpha\grave{\iota}\ \H{\iota}\delta\iota\alpha\iota$ (der Manteis) unter $\dot{\alpha}\sigma\acute{\varepsilon}\beta\varepsilon\iota\alpha$ (s. Plato)[25]).

Die Würde des Wulomo oder Osofo (der seinen besonderen Wong bedient), erbt[16]) auf den ältesten Sohn (in Abokobi). »Dieser Priester kann oft, unbekannt mit den Künsten der Wongmänner, den Wong wirklich fürchten, den er zu bedienen hat, besonders da dieser etwaige Dienstvergehen mit dem Tode zu bestrafen pflegt.« (s. Steinhauser.)

Der Wulomo bedient den Wong, damit es dem Volk gut gehe, und segnet die Geschenke Bringenden. Für seine Frau wird durch die Stadtältesten Auswahl eines Mädchens getroffen, wie der Flamen von staatswegen seine ebenbürtige Gattin erhielt (für die Culthandlungen)[17]).

Der Edrokosi (dem Gott Gewellilor), oder Priester, besitzt (bei den Eweern) die Geheimkenntniss, Zauberzeichen (Dso) zu verfertigen (mit Speichel benetzt unter Bestreichen mit rother Erde) zum Verkauf beim Umbinden (s. Schlegel).

Während der O-Bossum-Fu »nur allein bei dem O-Bossumen, dem eingebildeten Schutzheiligen des ganzen Fetuschen Landes, aufwartet«, lässt sich der Summán-Fu »in des Summán Dienst mit Schlachten, Opfern, Fegen und dergleichen Arbeit gebrauchen«, aber »Com-Fu oder Sophu ist nichts anderes, als ein Zauberer, welcher anderen zum Besten ein eigenes Fetiso mit grossen Unkosten hält, durch dessen Hülfe er von zukünfftigen Dingen wahr sagen wil«. (s. W. J. Müller.) Sobald neben den äusseren Zeichen[28]) (des θεοπρόπος οἰωνιστής u. s. w.), den Willen der Gottheit zu deuten (aus dem Vogelfluge, aus Portenta der Τερασκόποι, als »interpretes portentorum«, aus der Eingeweideschau[29]) u. s. w.), ein directer Verkehr mit der Geisterwelt eingeleitet ist, damit sie in dem Stadium psychischer Erregung das Auge öffne für seherisches Schauen, wird, noch bequemer als im Wachzustand — (weil unter Sparung abnormer Gefühlsaufregung, der selbst die Pythia sich unwillig hingab), — der Zweck in der Nachthälfte des Lebens erreicht werden, da (nach dem übereinstimmenden Zeugniss der Naturstämme) die Seele des Schlafenden denselben regelmässig schon verlässt, um im Traume zu wandern (als Theilseele wenigstens, die beim Erwachen zurückkehrt).

Hier ist also der Zusammenhang mit dem Körper bereits genügend gelockert, um, wie im Ausfahren der eigenen Seele, ein Eingehen fremder zu gestatten, und so wohin wir blicken, in Oceanien, Amerika, Afrika, sehen wir im Traum[30]) die Seele der Abgeschiedenen mit ihren schlafenden Verwandten communiziren.

Neben dem offiziell bestellten Priester (oder Hiereus im Temenos oder Tempel) bieten ihre Dienste die selbstberufenen an, welche (als Manteis) durch Einfahrung besessen zu orakeln vermögen.

Die Inspiration dieser »Interpretes futuri« (wie Cicero »ministros sacrorum« unterscheidet) wird selten von einer der bereits abgeklärten Göttergestalten herrühren (da für solche zugleich ihr Priesterdiener vorhanden ist, mit dem sie durch die Zeichensprache des Cultus communiziren), sondern gewöhnlich aus der noch unbestimmt schwankenden Dämonenwelt, die (dem Allgemeingefühls-Sinn näher, als dem scharf umzeichnenden Auge) meistens aus dem gespenstischen Heere der Todten redet (den Heroen oder Chao), oder sonst aus den heiligen Schauern[a]) der Waldesgrotten, Höhlen, Berge, Wüsten u. s. w., mitunter durch ein $\varrho\gamma\iota\alpha\delta\varsigma\ \beta\iota o\varsigma$ In Einsiedeleien festgehalten — und als $\varrho\gamma\epsilon\omega\epsilon\lambda\epsilon\sigma\iota\eta\varsigma$ künftiges Leben versprechend (s. Plut.) — oder sonst aus diesen wieder die Städte durchschweifend, als $\alpha\gamma\acute{v}\varrho\tau\alpha\iota\ \varkappa\alpha\grave{\iota}\ \mu\acute{\alpha}\nu\tau\epsilon\iota\varsigma$ (s. Pluto) oder $\mu\acute{\alpha}\gamma o\iota$ (b. Zosimus).

Bei den Eweern bezeichnen sich (unter den Nunola oder Priester) die Propheten oder Nyngblola als am Munde Gottes sitzend oder Eno Mawu nu (Mawu nunola).

Für die zur Ordnung der aus dem Jenseits in das Menschenleben übergreifenden Prozesse erforderliche Vermittlung mit den Göttern wurde der Priester in den Tempeln des öffentlichen Cultus von staatswegen eingesetzt, auch zwangsweise, wenn nöthig, aus dem Sklavenstande, wie beim Rex nemorensis (des Virbius in Aricia), und dort hatte er die ihm obliegenden Aufträge auszuführen, als ein der Gottheit dedizirter (und ihrer Verfügung übergebener) Diener, gleich dem Edrokosi (bei den Eweern) oder dem der Gottheit (Edro) Geweihten (Kosi).

Sacerdos dicatus est numini, hoc est ad obsequium datus est. (s. Servius.)

Ihm untersteht dann derjenige Theil der Welt, der

im Rechten zwischen Menschen und Göttern, den letzteren zugefallen. Sacerdos qui sacrum dat. (s. Varro.) Beim Ausfall der Erblichkeit (wie in den Eteobutaden und anderen Priestergeschlechtern) war die Nachfolge vorzusehen durch göttliche Eingebung, gleich der des Kapurale (in Ceylon), wenn denjenigen erwählend, von dem er geträumt hat. Sacerdos sorte ductus est, ut solet fieri, quum deest sacerdos certus. (s. Servius.)

Zur Ausbildung des Wongtschä (vom Wong besessen) gehört das Lernen des Wongtanzes nach der Trommel, das Liedersingen bei Wongbefragungen u. s. w. Die Oa-Wongmänner sind in drei Bezirke getheilt, nach dem verschiedenen Schlagen der Trommeln benannt, Kple-, Kpa- und Me-Leute. (s. Steinhäuser.)

Die Otutu-Leute sind (als Wongmänner) von dem Wong einer Asafo (Unterabtheilung eines Stadtviertels) besessen (mit der Otutu oder Kriegstrommel als Wong), in Krankheiten befragt und durch das Schauen in einen Kulo (Topf) mit Wasser antwortend (unter Besitzergreifung des Wong im Zucken beim Eisenschlagen). Wie in der Extase, unter dem den Teufelstanz begleitenden Gelärm, mag die Gottheit auch in der Versenkung angenähert werden, im Traum, als Götterraum (Dro-we), wenn träumend (Ku-dro, Gott erreichen).

Freilich gilt Nyamkupong jetzt zu weit entfernt, um Gebete hören zu können, aber »als der Erde noch näher, ertheilte der Himmel dem Menschen Weisheitslehren« (in Akwapim), wie Muchha, der als »Erster Mensch« (der Indianer) die Vorfahren besuchte (bei den Karen).

Entweder hat der Wong krank gemacht, weil es

an Verehrung gefehlt hat, ein Gebot übertreten worden ist u. dgl. m. (so dass Opfergaben von Thieren u. s. w. nöthig werden), oder die Erkrankung rührt her vom Kla, weil die erwiesenen Wohlthaten nicht geachtet sind, in unordentlicher Kleidung keine Achtung bezeugt wurde u. dgl., und hier wäre Sühnung zu suchen im Schmuck, durch Geschenke u. s. w.; dann aber kann das Leiden durch die auf Rache (wegen ungenügenden Begräbnisses) bedachte Sisa eines verstorbenen Verwandten verursacht sein, und hier wäre dann die Vertreibung vorzunehmen.

Bei einer Krankenheilung am Alt-Kalabar gab zuerst der Abia-ibok ein Zweigblatt in die Hand (zum Erbrechenerregen), und dann blickte der Abia-idiöng in ein mit Wasser gefülltes Gefäss, worin die Sonne flimmerte, um die Seele des Kranken zu erkennen, die sich indess nicht zurückrufen liess, sondern (zum schlechten Prognostikon) »flew away to the sun« (s. Waddell). Die Priester der Pruczi sahen die Seelen leibhaftig zum Himmel fahren (nach dem Tode).

Nachdem der (orakelnde) Gima-Wong (Bote Gottes) oder Bribri (wunderlich oder unbegreiflich) für das Jahresfest (bei Labode) zusammengerufen hat, »verfügt er sich mit einem eben solchen Erdbeben und Getöne, wie er gekommen, wieder weg und hinterlässt einen begeisterten Fetismacher, welchen die Schwarzen in die Hütte [**]) setzen und ihn eben so, als Giemawong selbsten verehren«. (W. J. Müller.)

Gbalo, prophet, soothsayer; Klamo, diviner (a person, who has a Kla or is possessed of a Kla).

Komfo (Okomfo), Priester (in welchen ein Fetisch eingegangen ist). Kom (tanzen, eingehen), to be possessed by a fetish.

Sorrefo (Sopho), Priester (sorre, aufstehen, anbeten).
Wontse (Priester) possessor of a fetish.
Osofo oder Sofo (Priester), Sorefo (one who prays).
Ayen, Zauberer (Beninjyen).
Bayen, Zauberin (Baifo).
Ayi begreift die bei Ernte und Leichenbegängnissen gefeierten Feste. The Aye (witches) are able to burn like a torch at night-time (in Akra), wie Irrlichter (Tückbolde), als Seelen ungetaufter Kinder (in Mecklenburg).

In den Städten der Eweer finden sich die Legba (Bilder) der schützenden Götter (oder Edro) und der Stammesgott wird zu Anlo im dunkelen Tempel vom Priester befragt (für Orakel).

Mit Jou-jou wurde der Gottesdienst am Dio Fetisso oder Fetischtag (s. Artus) geendigt, unter Wassersprengen des Fetischir (in Guinea).

Der Hausgötze (Summam) wird in einen Korb [38]) (Sesju) eingeschlossen (bei Fetu), und heilige Körbe wurden in geweihten Mysterien getragen (zum Einlegen und Herausnehmen).

Die Seele des geschlachteten Thieres wird mit der Botschaft vertraut, welche der Edro (Gottesdiener) an die Gottheit Mawu übertragen soll (bei den Eweern), und die Scythen beauftragten den für Zamolxis Gespiessten.

Der Priester lässt die Arznei des Wong durch Nyongma (als Ata oder Vater) segnen (in Abokobi).

Die Verehrer der Gottheit im Blitz (Chebieso) tragen einen Eisenring (dem Blitzstrahl nachgeformt) am Arm (bei den Eweern), die des Feuers Ringe von Perlen und Steinchen, sowie Dso, als rothe Schnüre. (s. Schlegel.)

The people in the interior at Akim, have for a

fetish, what is called a »category«, a large brass pan, said to have fallen in some remote age from heaven [wie die fürstliche Goldkette in Macassar, neben heiligen Urnen in Borneo]. The fetish house is ornamented with swords and axes (s. Hutchinson), als Waffen, wie im Kakiroba-Hause Halmaheira's oder in (ceylonischen) Dewalas Ceylon's, (auch zu Kamakura oder einst in Hercules' Tempel zu Theben) für Bekämpfung (der Widersacher).

An der Goldküste wurde aus Feuer gewahrsagt[24]), vom Mutinu-numju (am Congo) aus fliessendem, vom Molonga aus kochendem Wasser, in der Heldro-Kunst (s. Vikat. am Brahmaquitre, S. XXXIV). Der Neoni sprach durch den Mund Nzazi's u. s. w. (s. Besuch in San Salvador, S. 202). Es sind frawen und man die sich underwinden fewre zu machen und in dem fewre dann sehen geschechne und künftige dinge (in der »Kunst Pyromancia«).

Die Gbalo (Sprecher) genannten Wahrsager (in Guinea) rufen (wenn befragt) den entsprechenden Wong (Kla oder Sisa) mittelst einer Kette, die an dem Dach der Hütte hängt, und an der sie rütteln und ziehen, bis sich der Geist daran niederlässt (s. Steinhauser), und bei den Bhiksu werden die Schnüre aufgehängt, zum Herabsteigen des Geistes (in Macassar).

Derjenige, dessen Spielgeräte u. dgl. m. mit Hongschnüren (aus dem Bast des Hongbaumes verfertigt) umwunden sind, wird in den darüber gesprochenen Verwünschungen verflucht (an der Goldküste) und »diese Classe der Wongdiener ist mit ihren Producten die am meisten gefürchtete, indem sich der Neger denkt, dass vor einem solchen Fluch-Wong auch seine gewöhnlichen Geister zurückweichen«. (s. Steinhauser.)

Die Eweer lassen sich von dem Priester mit Zauberzeichen umbinden**) (aa) gegen diejenigen Geister, deren Abwehr beabsichtigt ist.

Idiŏn, witchcraft (the conspiracy practised by the Abia-idiŏn), a brand put upon a person or a thing, by which it may be recognized as belonging to anyone (in Efik)**), besonders wichtig zum Festmachen der Unverwundbaren (oder, von Hydarnes geführten, Unsterblichen) in Passauerkunst (der Mithras-Ceremonien), wie (zu Cavazzi's Zeit) in den Gesellschaftsbunden der Npungu, Calumzo und Issuon (in Congo). S. Ites. in S. Salv. S. 202. Und hier lässt sich dann wieder in Vereinigungen doppelte Kraft gewinnen im Geheimniss der Meda³⁷) (oder anderer Orgeonen). s. Vlkgd. S. 43.

O-Bossum-Fu ist ein Heidnischer Pfaff, welcher nur allein bey den O-Bossumen, den eingebildeten Schutz-Heiligen des gantzen Fetulschen Landes auffwartet, ausser welchem niemand unter den andern Pfaffen sich unterfangen darff, einen O-Bossum zu fragen, und Antwort von demselben zu holen.

Ein solcher O-Bossum-Fu wird bey ihnen in grossen Würden und Ehren gehalten. Wenn jemand unter ihnen eine Missethat begangen, und den Tod verdienet, der Missethäter aber zu eines O-Bossum-Fu Wohnung fleucht, wird derselbe loss und ledig gesprochen.

Als im Jahr 1708 ein solcher O-Bossum-Fu in Fetu starb, wurden seinetwegen gewisse Trauer- und Klag-Tage im gantzen Lande angestellet.

Summän-Fu ist ein Pfaff, welcher sich in des Summän Dienste, Schlachten, Opffern, Fegen, und dergleichen Arbeit gebrauchen lässet. Dieser wird ebenmässig hochgeehret, jedoch aber hat Jener den Vorzug.

Com-Fu oder Bophu ist nichts anders, als

ein Zauberer, welcher anderen zum besten ein eigenes Fitiso mit grossen Unkosten hält, durch dessen Hülffe er von zukünfftigen Dingen wahr sagen wil. Wann die Schwartzen mit den Blanquen reden, so nennen sie einen solchen Comfu oder Sopha Fitisero, nach der Portugesischen Sprach einen Zauberer oder Hexenmeister. (W. J. Müller.)[17a])

The Abaw-Efik, the keeper of Ndem Efik (the great Idem of Calabar or the tutelary deity of the country) in the execution of his office is subjected to certain restrictions (the violation of which Ndem Efik punishes with death), so that the office is not now an object of desire (s. Goldie), wie in Niue Niemand mehr den gefährlichen Posten des Königs bekleiden wollte (s. Turner), und die Candidaten des Consulates in Rom gerne das Amt des Flamen, wenn aufliegend, los zu werden suchten (in den späteren Zeiten der Republik).

Διὰ τί δὲ κυνὸς καὶ αἰγὸς ἐκέλευον ἀπέχεσθαι τὸν ἱερέα, μήτε ἁπτόμενον, μητ' ὀνομάζοντα; frägt Plutarch in den *Ῥωμαϊκά* (quaestiones Romanae) betreffs des »Flamen dialis«, und wird dadurch in weitschweifig vermuthungsweise Ausführungen geführt, die der Neger, in dem für ihn noch practischen Fall, bündiger und kürzer zu beantworten vermöchte.

Das Myal-System sollte (unter den Negern Jamaica's) Krankheiten heilen und Uebeln entgegenwirken, welche das Obea hervorgerufen hatte. Die Myal-Ausüber hielten sich für Engel des Lichts und nannten die des andern Systems Engel der Finsterniss.

Es gehörte zur Kunst und Macht eines Myal-Mannes, den Schatten eines Verstorbenen zu fangen und ihn für Zwecke der Zauberei zurückzuhalten. Derselbe musste am Grabe gefungen werden, bei oder bald nach dem Begräbniss; deshalb war die Abenddämmerung, in welcher die Beerdigungen gewöhnlich stattfanden, oder eine Mondnacht die geeignete Zeit für dies geheimnissvolle Werk. Von all dem Volk, welches das Grab umstand, sah der Myal-Mann allein, was von den andern ungesehen blieb: den Schatten oder Geist des Verstorbenen, wie er über seiner letzten Wohnstätte schwebte; und er versuchte, ihn durch mancherlei heftige Gestikulationen, durch Laufen und Haschen zu ergreifen, oder, wenn er davonfloh und ihm entschlüpfte, durch seltsame Rufe ihn zu bezaubern. Gelang ihm dies, so verschloss er ihn in einem hierzu verfertigten kleinen Sarg, der entweder in demselben Grabe beigesetzt wurde, oder im Hause und unter dem Bett des Myal-Mannes aufgestellt, für späteren Gebrauch. Zuweilen war er nicht leicht zu fangen und entkam auf die Weide oder in den Wald, wohin die Gehülfen dann den Myo-Mann bei der Verfolgung begleiteten, über Hecken und Gräben, Steinwälle und alle Hindernisse hinweg, mochte man nun einen Leuchtflieger oder einen Nachtvogel, etwas oder nichts, verfolgen, bis der Führer seinen Zweck erreicht und den Geist in Sicherheit gebracht hatte.

Ausserdem konnte der Schatten selbst vor dem Tode verloren gehen, so dass man eines Andern Seele stehlen konnte. Ein sechzehnjähriges Mädchen war sehr bekümmert, weil sie glaubte ihren Schatten verloren zu haben. Jemand hatte ihn gestohlen, wie sie sagte, und sie suchte ihn an den bebuschten Ufern des Stromes, oder um den riesigen Baumwollbaum und an andern heimgesuchten Plätzen, im Mondschein, zwischen den andern Schatten dieser Orte. Ihre Freunde, die sie zur Behandlung brachten, gaben die Versicherung, dass sie nicht mondsüchtig sei, und obgleich sie selbst nicht an diese Dinge glaubten, so thaten es, nach ihnen, doch viele andere. (*Waddel.*)

Mehr noch als die Todtenseele (Uhane make) wird die ausserhalb des Körpers umhergehende Seele eines noch Lebenden (Uhane ola) gefürchtet (in Hawaii), doch giebt es dafür Poi-Uhane (Seelengreifer), welche die Vagabonden mit Händen greifen (wie bei den Taculli).
(Z. Kenntniss Hawaii's, S. 21.)
Der Ursprung des Endoxe wird in den Schöpfungsmythen mit dem ersten Sterben in Verbindung gebracht, das erst (wie bei den Grönländern) nach einem Götterstreite eintrat, während anfangs das Leben beständig währte und sich (gleich dem der Caroliner), mit dem Neumond stets erneute. Ursprünglich tödtete der Endoxe im Auftrage der Gottheit, zu der er an einem (auch in der Mythologie der Chibchas bekannten) Spinnenfaden hinaufkletterte. Seltdem er indess von einer moralischen Verurtheilung getroffen wurde, bildete sich im dualistischen Gegensatz zu Samba ampungo im Himmel, die Vorstellung des bösen (impi) Gottes in der Erde oder des Sambi impi, und durch Beschwörung dieses mit seinen höllischen Geistern soll nun der Teufelskünstler seine Kunst erwerben. Der Gunga oder Priester, dessen Weihe stets auf Schwierigkeiten stösst (und in Guyana z. B. durch die Seefrau vermittelt werden muss), tritt erst in zweiter Linie nach dem Endoxe hervor und wird geradezu für einen abtrünnigen Endoxe erklärt, der, um beim Todesurtheil sein Leben zu retten, sich für schuldig erkannte und, um des Cassa-Essens überhoben zu sein, sich erbot, die ihm bekannten Kräfte und Milongo (oder Zaubermittel) fortan zum Besten der Menschheit, statt zu ihrem Schaden zu verwenden. So kann es nicht überraschen, dass die Stellung des Gunga vielfach zwischen weisser und schwarzer Magie schwankt, und dass er in alte Gewohnheiten des Schadens zurückfallen mag. Jedoch bleibt davon getrennt die Klasse der den heiligen Boden der Muttererde hütenden Ganga, deren Existenz mit der

göttlichen Einsetzung der Fürsten in Verbindung gebracht wird und schon mit deren Function als Priesterkönig eng verknüpft ist.
(D. E. n. d. L. II. S. 162.)

In Mawu, dem unübertrefflichen[88]) als jenseitigen und somit unbegreiflichen, gleich Wacan der Dakotah, fasst sich der Himmel, nicht das sichtbare Firmament, sondern, wie in chinesischer Philosophie, der Ursprung siderischen oder kosmischen Wirkens, ähnlich einem alles durchdringenden[89]) Weltäther moderner Naturphilosophie oder dem Wirksamwerden der potentiellen Energie (in kinetischer Naturlehre), und indem es heisst, dass dieser Weltschöpfer beständig weiter schafft, so quellen aus ihm alle Seins-Einzelheiten[40]), die, weil in Vielfachheit vor Augen tretend, nun auch ein jedes mit seinem idealen Vorbilde oder Eigenthümer einwohnend, wie der Innua der Eskimo (oder Kelah der Karen »nullus enim locus sine genio est«) angeschaut werden. Dadurch folgt die bunte Vielfachheit sogenannter Fetische (oder Bosom) als Schutzgeister oder immanenter Genii in Won und Edro, die bei hervorragenden Erscheinungen sich mit einem gottähnlichen Gewande bekleiden, obwohl sie auch in demjenigen auftreten, was, als den Fremden besonders auffallend, mit dem Namen der Fetische bezeichnet wird, nämlich der Amulette und Tallismane, oder Zaubermittel in Juju und Grigri. Hierüber erwirbt sich der Wontscho oder Besitzer eines Won, als Priester (oder Ganga Loango's), durch Kenntniss kultureller Ceremonien eine je nach Umständen einflussreichere Macht, und sein Widersacher erscheint dann leicht in dem Dunkel feindlichen Gegensatzes des Endotsche oder Hexenmeisters, der, wenn nicht bezwingbar, — also wie in Ceylon z. B. nicht Wassavarti, unter dem mit Buddha abgeschlossenen Huldigungseide, gehorchend, — einem fremden Reiche angehörig gelten mag, dem von Mawu oder Niangpong unabhängig, gleichfalls in der Welt herrschenden Bösen oder Abonsom[41]) (mit Sasabonsom im Erdboden). Wem es also gelingen sollte, mit solchen, durch legitime Riten einer Theologie unnahbaren, Gewalten einen Teufelsbund (im Homagium) einzugehen, der wird durch die Schrecken schon, welche die furchtbaren Waffen, wie sie jetzt zu seiner Verfügung stehen, verbreiten müssen, höheres Ansehen gewinnen, vermehrt gerade mittelst des geheimnissvollen Mysteriums, das sich dem Durchblick orthodoxen Kultus entzieht, aber deshalb von dort her am wirksamsten bekämpft wird, durch das Anathema heterodoxen Abfalles (von dem gesetzlich Gestalteten), mit Hülfe der Staatsgewalt die Mittel der Vernichtung in Kraft setzend (durch Giftnuss oder Scheiterhaufen).

Wie von Mawu[42]) die Wong[43]), als seine Kinder, niedersteigen, alle Naturgegenstände göttlich durchgeistigend und beseelend, so erfüllen von Njankopomp herab die Sunsum die Natur (als Obosom).

Nyame oder (in Ashantie) Onyame bezeichnet (als Gott) den Himmel, wo Nyankupon[44]) (in Akwapim) wohnt, der als Schöpfer der Welt die Ordnung derselben den Naturgeistern (Bosom) übergeben hat (s. Riis).

»Die Odschi-Neger denken sich Gott als im Himmel wohnend (ote sorro), schreiben ihm die Schöpfung zu (Nyankupon abo ade), auch die Naturerscheinungen der oberen Atmosphäre, wie Donner, Blitz, Regen u. s. w., legen ihm auch zuweilen Eigenschaften, wie Allmacht, Güte, Allwissenheit und Allgegenwart, bei, denken sich ihn aber sonst ausser aller Beziehung zu sich selbst, indem er nach ihrer Vorstellung sie ganz den Naturgeistern (Bosom) untergeordnet hat, und sich selbst um die kleineren Angelegenheiten der Menschen nicht kümmere« (s. Riis), wie dies sonst auf Engel delegirt werden mag (und deren Aequivalenten in ethnischen Schöpfungen).

Neben dem allgemeinen Gottheitsbegriffe in Abasi-Ibum (almighty god), oder als Emanation desselben: der Gott Idem-Efik »is supposed to preside over the affairs of Kalabar« (personifiziert im Baume Idem-Nyanga), und als seine Ausflusskräfte durchdringen nun die Idem[45]) (wie die Kelah der Karen) alle Naturgegenstände, einem jeden derselben einwohnend (und deshalb aus einem jeden auch als Fetisch verwendbar). The Idems are inferior to Abasi in power (in the Ibibio country). Of all these the Ndem Efik is greatest, and its high priest »Aubong Efik« or King of Kalabar the greatest man in the country (s. Waddell), als irdischer Repräsentant aus dem Jenseits (ähnlich dem Dalai-Lama).

In der Religion sind die Akraer, wie alle Neger der Goldküste, der Abgötterei ergeben. Sie erkennen ein höchstes Wesen, das die Welt und alles, was darinnen ist, erschaffen hat, das sie mit dem Namen Jumbo belegen. Aber sie glauben, dass dieses erhabene Wesen viel zu vornehm sei, als dass es sich um die Handlungen der Menschen bekümmern sollte. Es habe deshalb eine Menge Unter-Gottheiten geschaffen, die auf das Thun der Menschen Acht haben sollen, und dies ist der in der guineischen Geschichte so berühmt gewordene Fetis. Die Neger wenden sich allezeit zu ihm mit ihren Gebeten und Opfern, da sie dafür halten, dass er sowohl Gutes als Böses thun könne. *(Isert.)*[46])

Von einem höchsten Wesen scheinen zwar die Wanyika nicht viel zu wissen, indem sie sagen, da man keinen Schöpfer Himmels und der Erde sehe, so gebe es auch keinen; doch hat jedes Dorf sein »Dschumba dscha mulungu« (Gotteshaus), wo die Zauberer ihre Beschwörungen machen, ehe die Wanyika zum Krieg ausziehen, und wo man sich versammelt, um Regen und Aehnliches zu erflehen. Denn auch dies Volk hat seine Regenmacher; als Vermittler zwischen dem »Mulungu« aber, dem Himmel oder höchsten Wesen, und den Menschen dienen die »Kôma« oder Schatten der Verstorbenen, die deshalb auch in höherem Ansehen stehen, als der Mulungu selbst. Ausserdem fürchtet man die »Pepo« oder bösen Geister, denen jegliches Uebel zugeschrieben wird, und sucht durch allerlei Zaubermittel, Ugengu, sich gegen ihre Einflüsse zu sichern. Wer nach ihrer Meinung von einem bösen Geist oder Teufel besessen ist, geht in zahlreicher Begleitung unter Tanzen, Schreien und Trommeln mit einem weissen Huhn in der Hand nach dem Meeresstrande, wo er nach Tödtung des Huhns ein Seebad nimmt, während seine Begleiter den schauerlichsten Lärm machen, um den Teufel auszutreiben. Dann gehen sie, der vorher Besessene auf einem andern Wege, ganz still wieder heim, in der festen Meinung, der Teufel sei nun zurückgeblieben. Auch an bösen Zauber glaubt der Wanyika, und oft wird, wer dessen verdächtig ist, dass etwa durch seine Schuld kein Regen auf die Reis- und Maispflanzungen fiel, getödtet; jeder Ort aber, an dem ihnen ein grösseres Unglück zugestossen, als bezaubert, verlassen. (Grundemann.)

Die Seele der im Anschauen der Mondscheibe Ohnmächtigen (bei den Kamma in Gumbi) erhielt, zu Ilogo (im Mond) aufgestiegen, von dort das Heilmittel([47]) (s. Du Chaillu).

Obwohl die Welt der Götter voll ist, im Polydämonismus, »als ursprüngliche Vorstellungsform der Religion« (Pfleiderer), wölbt darüber sich doch das ungestillte Sehnen nach höherer Befriedigung hinauf. Ce n'est qu'après qu'ils ont inutilement invoqué le Serpent et ont tout mis en oeuvre pour en obtenir ce dont ils ont besoin, — ils s'adressèrent (en Judah) au grand dieu (s. Des Marchais), indem nämlich nur im letzten Augenblicke hilflosester Verzweiflung man sich zum Wagniss (oder einem überherigen Versuche) solch' äussersten Schrittes entschliesst, der bei dem Ausfall der Vermittler zu einem tagtäglichen wird (im Monotheismus).

Unter den Wong[46]) interessiren weniger die allgemeinen, die des Meeres, der Gebirge (eher der Berge[46a]) u. s. w.), als die mit den besonderen Landestheilen verknüpften, z. B. im Flusse desselben die Flussgottheiten, und als der Oberste gilt der Fluss Sakumo-Fio (in Akra), im Stammesahnen (gleich Inachos, Kephissos, Peneios, dann Spercheios u. s. w.) verehrt, und der Wulomu, von den Stadtältesten mit dem für seine Ehe auserschenen Mädchen versehen, hat den jedesmaligen Wong der Ansiedelung zu bedienen, um dadurch dem Volke Glück und Segen, (der auf private Anfrage ebenfalls verliehen werden mag), zu sichern, gleich dem Puhan bei Oraon, den Festordnern bei Karen u. dgl. m. Dies ist die unter besonderen Gunstfällen als Priesterkönig hervortretende Gestalt, und sein eigenes Wohlsein wird wieder als Unterpfand des allgemeinen Wohlseins vorausgesetzt, so dass die Unterhaltung auch öffentlich, wie bei Talapoin, auf freiwillige Kosten stattfindet, und wenn Landplage droht, werden dem Ofnon Geschenke gebracht. Aus der grossen Anzahl der übrigen Wongs, verschiedenen und zum Theil böswilligen Temperaments, können nur die für bestimmte Zwecke geeigneten, durch die in Besessenheit anrufenden Wongtsche (die dann jedesmal einen Wong als partikularen besitzen) herbeigerufen werden zur Einfahrung für Orakel; dabei jedoch, um keine mit strafender Rache bedrohten Fehler zu begehen, setzt sich genaue Kenntniss der Liebhabereien des jedesmal gewählten Gottes voraus, und somit mancherlei dem Laien verborgene Geheimkenntniss, die deshalb, weil unkontrolirbar, (wenn etwa in feindlicher Absicht angewendet), gefürchtet und so leicht in Beziehung gesetzt wird zu dunkel waltender. Macht des Bösen in Abonsa.

In der Mehrzahl der Fälle aus dem gewöhnlichen Leben geht dagegen Alles glatt geschäftsmässig ab, da die Gerechtsame⁰⁰) zwischen Götter und Menschen im Ritual genau festgesetzt sind, und der Verwalter des Heiligthums also dem Applicanten in deutlichen Ausdrücken seine Verpflichtungen klar legen kann, deren pflichtgetreue Erfüllung dann wieder den Wong zur schuldigen Gegenleistung verpflichtet, nicht nur »honoris causa«, sondern auch verständiger Wahrung eigenen Interesses halber, da er sonst riskiren könnte, seiner Stellung, und somit des täglichen Brodes (in der Opferfütterung), verlustig zu gehen. Es liegen Beispiele genug vor Augen, dass, wenn auf allzu harte Proben gestellt, die Geduld des frommen Verehrers schliesslich abriss, und der Fetisch zerbrochen wurde oder doch zum Tempel hinausgeworfen.

Der Name Njankupong oder Yankumpon hat mancherlei Deutungen erfahren, während er etymologisch undeutbar gilt, und nur an Stelle des für Himmel verwandten Wortes Njame gebraucht wird (nach Riis). Mit den weiteren Wechseln (bei den früheren Berichterstattern) in Nyankupon[40]) von Sankumpon und Jankupong (Jan-Kumpon) könnte man sich gelegentlich bis auf einen Kumpan jener Kompagnie führen lassen, die auch im holländischen Ostindien auf abgelegenen Inselgruppen (wie die Aru, Key u. s. w.) symbolisch fortwirkt in der Phantasie der Eingeborenen, um höchsten (und für sie idealistischen) Bedürfnisse in Namensbezeichnung zu genügen (wenn sonst dafür mitwirkend beeinflusst).

Der überall in Religionen durchklingende Zwiespalt des Menschen zur Welt folgt aus der Beschränkung dessen, worin sich am vollsten die eigene Persönlichkeit verwirklicht fühlt, aus der Beschränkung des Willens, der Vieles will (und wünscht), was er nicht kann[61]).

Zur Wiederherstellung solchen Bruches wird nun auf der durchweg gleichartigen Elementar-Grundlage der Sympathie das Heilmittel gesucht, und zwar, wie immer, im Widerspiel einer symbolischen Handlung ähnlicher Art.

Daraus empfiehlt sich die Selbstbeschränkung des Eigenwillens, und zwar in der Enthaltsamkeit bestimmter Form (je nach idiosyncrasisch bedingter Wahl), auferlegt durch das Gelübde, im Mokisso des Einzelnen, und in allgemeingültiger Weise, unter Beziehung zum Cultus, realisirt in dem, was sich in Polynesien als Tabu, in Indonesien als Pomali bezeichnet, was in Afrika dem Fetisch Genannten (oder Bossum) zu Grunde liegt, und seinen Ueberlebseln nach aus Sacer bei Ariern, als Haram bei Semiten Bekanntem herstellbar bleiben würde, und wenn sich unter bereits blindend anerkannten Cultus-Ceremonien die Sühne durch Geschenke (nach dem Rechtsabschluss mit den Göttern), beim Opfern suchen lässt in εὐχή und votum, erkennt sich in der dedicatio noch die Theilung des Eigenthums zwischen menschlichem und göttlichem (s. Indonesien, S. 78).

Bei Harim liegt die Grundbedeutung im Verwahrtsein, zum Schutz des Heiligen gegen das Profane (im El-Haram oder dem Innersten des Tempels, wo der Gottesdienst stattfindet), während der Harami (oder Räuber) das Verbotene übend, als $ἀσεβής$ erscheint; dann folgt aus Herem der Fluch (oder Bann), Hahrim den Fluch hinaufwerfen, und Horma die verfluchte Stätte (als der Verödung geweiht), und in El Haramaim dagegen begreifen sich die heiligen Stätten (Mekka und Medina), als reservirt (im Kedesh).

$Ἀρά$ (ursprünglich Gebet) wurde zum Fluch und sogar Uebel, insofern dies wenn unverschuldet als Folge fremder Wünsche betrachtet wird (s. Herrmann), mit »snellem fluoche« neben Segenssprüchen, »rauco susurramine« in Brandenburg (1735), bei $ἐπῳδή\ ἰατρῶν$ (oder Karakia der Maori). Die Fluch-Wong sind fünffingrig und stärker als die vierfingrigen (s. Steinhauser) die Tiki haben 3 Finger (bei den Maori).

Ibet (divine law), a prohibition or vow of a binding nature, forbidding anything or engaging to abstinence from it (am Kalabar), the thing prohibited or abstained of, »Unen edi ibet me«, the ibet of a hen is the thing prohibited (against the use of which I vowed) Ukanjo (vow) oath (the thing vowed, devoted, or the forfeiture pledged) in Efik (s. Goldie)[52]).

Die Guineer enthalten sich zu Ehren ihres Fetisches »einer gewissen Art Speise oder Getränk« (nach dem Ehegelübde). Daher isst der Eine kein Rindfleisch, der Andere kein Ziegenfleisch und Hühnervieh, der dritte enthält sich von Palmwein oder Brandtwein« (s.

Villault). Jeder an der Goldküste »a ses viandes défendues« (Bosman). Sothaner Erb- und Haus-Götze wird in einem Korbe (Sesja) eingeschlossen (bei den Fetu) und bei einem jeglichen Summán ist auch ein absonderliches Gelübde, welches sie denselben müssen bezahlen. Zum Exempel: der Eine trinket Zeit seines Lebens keinen Brandtwein, der Andere keinen Palmwein, der Dritte isset kein Kuhfleisch, der Vierte kein Ochsen-, der Fünfte kein Schaaf- oder Ziegen-, der Sechste kein Hühnerfleisch (W. J. Müller). Wie die Opfersteine der Karthager sich aus dem an Baal gerichteten Gelübde (Nidr) aufrichten, so das ganze Religionsleben des Flot aus seinen Mokisso[63]) und Gelübden, und solche kennt man in ihren Ueberlebseln weithin noch, bis nach Ostfriesland, denn »bei schwerer Geburt ist es heilsam ein Gelöbniss zu thun« (Wuttke).

Kanga (to vow to) to swear (by Ndem Efik).
Akanga (fate) vow (promise).
Unwönö (assurance) oath.
Nwöno (to assert) swear.
Diön (to benefit) to bless (im Efik).
Abia-diön (a practitioner of sorcery (s. Goldie).
Idiök (bad) forbidden (Idiön, witchcraft).

In der auf älteste Wurzeln zurückreichenden Kulturschöpfung des Buddhismus lehrt sich die im Materialismus (s. A. Lange) angestrebte Seelenlehre »ohne Seele«, da in der Psychologie des Abhidhammen die Seele ausfüllt und direct negirt wird (bei Nagasena).

Je tiefer dagegen wir hinabsteigen in die Barbarei der Naturstämme, desto komplizirter schraubt sich die Psychologie zusammen, in Vervielfachung[64]) der Seele, die bei Karen als siebenfach bekannt ist, vierfach bei Khond, Dakotah, Batta u. s. w., als doppelt wenigstens überall (gleich birmannischer Leipya im Traume flatternd).

Bei den Odschi praeexistirt das Kla, das bei der Geburt der Neugeborenen einen Spiegelreflex hineinwirft, als Seele oder Sasuma (Schatten), die nun von der andern Hälfte (in der ihm offenbarten Form des heiligen Naturgegenstandes, wohinein sie gefallen ist) als Schutzgeist begleitet wird (in der innern Stimme, als Gbesi, redend), und nach dem Tode sich in das Gespenst der Sisa wandelt, die (bis zum Abzug nach den Geister-Inseln am Volta) am Grabe umherspukt, und sich als Bla neu incarniren kann, zur Wiedergeburt im Stamme.

Bei den Eweern sendet die Gottheit Mawu's aus dem Seelenlande Nodsi die geschlechtliche Hälfte auf die Erde hinab, als Dsogbe (am Geburtstag)[55]), um den Embryo zu beseelen durch Luwo (Seele) oder Schatten, und ihm zugleich als (vom Kla abscheidender) Aklama (Schutzgeist) durch das vom Dsi (dem Herzen) begeistete Leben (mit dem Gedanken oder Susni des Verstandes oder Tame, als »Kopf-Inneres«) zu begleiten, bis zum Tode, wo bei der Rückkehr nach Nodsi, auf Erden dann nur das Seelengespenst Noali zurückbleibt, und die Hinterbliebenen belästigen könnte, wenn nicht kunstgerecht vom Zauber-Priester verscheucht.

In madagassischer Seele verschwindet Saina (beim Tode) unsichtbar, als Levona und Aina im Winde (Riwotra), während neben Fanahy, aus geistigem Prinzip, das gespenstische Matoatoa fortspukt (s. Ellis).

Bei den Karen wird aus dem Kelah die Einzelseele des jedesmaligen Menschen durch den in seinem Haupte thronenden Tso, als Thlah, in moralischer Ordnung gehalten, deren Störung dann die der Gesundheit bedroht (psychisch oder physisch). s. Vorstellungen von der Seele (S. G. W. V. X, 226, S. 19).

Wenn sich aus dem Noli die Luwo (Schatten) als Seele dem Körper vereinigt hat, bleibt der andere Theil als zugehöriger Edro oder Schutzgeist (mit dem Sitz in einem auserwählten Naturgegenstande), und so erscheint Kla doppelt, als Seele, sowie als begleitender Schutzgeist derselben (gleich dem Fravashi), wie der Khuan auf dem Heheitel der Siamesen thronend. In Ohnmachten zurückgerufen (und so aus der Hehoidung in der Doppelseele), beim Traum wandelnd (unter Tagalen, Birmanen u. s. w.) ⁶⁶). So lange der Tso seinen Sitz im Haupte bewahrt, können böse Geister nicht schaden (bei Karen).

In Ceylon wird der legitime Kült (neben offiziell orthodoxem Buddhismus) von den Capurale (an den Dewalas) geübt, unter dem nach der Unterwerfung unter Buddha getroffenen Abkommen mit der bramanischen Götterwelt, während in der Besessenheit der Yako-Duro (an den Coviles) diejenigen der vorbuddhistischen Dämonen (Teufel) ihr Unwesen treiben, die gleich den Geistern depossedirter Urbewohner sich noch nicht haben befriedigen lassen, sondern auf Rache bedacht geblieben sind.

Holst holsst (im Odji) Sunsum (Sunsuma, Schatten)⁶⁷), und so bezeichnet (im Efik) Ukpon (shadow), the soul of a man, die Seele, welche, (gleich der der Longobarden, Birmanen, Hawaier und vieler Gesinnungsgenossen) den Körper beliebig verlassen kann, um andere Plätze zu besuchen. Jeder Unfall, der auf solchem

Wanderleben zustossen sollte, wirkt dann als Krankheitsempfindung[b9]) auf den Körper zurück, aber andererseits vermag derselbe auch des Schutzes zu geniessen, den ihm die im heiligen Thiere seiner Prädestination reflektirte Seele zu gewähren pflegt. Die Seele des Menschen ist, ehe in die Leiblichkeit eingezogen, ein Noli (Geist) gewesen; wie der ganze Weltraum (Checheme) mit geistartigen Wesen, guten und bösen, erfüllt ist, jeder Mensch hinwiederum seinen eigenen Schutzgeist hat, so wird die schattenartig (Luwo, Schatten von Lebendigen und Seele) abgeschiedene (Aklama von Kla, abscheiden) Seele des Verstorbenen wieder zum Noli (Geist, auch Gespenst), welche Geister dann theils in neugeborenen Menschen wieder zu Seelen (Luwo) werden, oder in gewissen Thieren wiederkommen (s. Schlegel).

Sofern die Seele eine wandernde, abscheidende, heisst sie Aklama, sofern und solange sie im Leibe des Menschen wohnt, luwo (Schatten), sofern als völlig geschieden, Noli[69]) (Gespenst), wie auch vor der Incarnation bei der Geburt (bei den Eweern), aus einem Κόσμος νοητός.

Der Kla (in Ga) oder (in Odschi) Kra im Menschen als Leben (oder Seele), Böses redend mit männlicher Stimme und mit weiblicher Gutes, umgibt als Schutzgeist (s. Steinhauser).

Dsi (Oberer) oder Himmel bezeichnet (wie das Herz) das Geistige im Menschen (beim Eweer) und gbogbo dsi sterben (das Leben aushauchen).

Die abgeschiedene Seele (bei den Issinesen) belebt im Mittelpunkte der Erde »einen neuen Körper in dem Leibe eines Weibsbildes«, und dasselbe geschlcht von dortaus auf der Erde (s. Loyer). Auch Seelenwanderungen durch Thierleiber mögen zwischenfallen, um in den heiligen Thieren bei Dix Cove u. s. w. die Ahnen zu ehren, und »in Yoruba wandeln sich Menschen in Thiere« (s. Isert), auch während des Lebens etwa, in Hyänen (die Buda) in Abyssinien, in Löwen die Hottentotten, in Tiger Kambodier (und Wehrwölfe Europas). s. Vlk. d. ö. A. IV, S. 20. So kann auch bereits während der Schwangerschaft die künftige Seele des Embryo influenzirt werden, in magischer Bindung, oder jedenfalls von Neugierigen ausgehorcht[60]).

Neben den in Wiedergeburten meist erblich innerhalb des Stammes[61]) fortgepflanzten Seelen können aber auch neue hinzutreten, aus der Seelenheimath Nodsi bei den Eweern, und »wenn Nyongmo das grosse Thor öffnet, kommen neue Kla als kleine Kinder herab«[1a]) (s. Steinhauser), während die Sisa, wenn sie wollen, wieder zu Kla werden können, in Menschen (oder auch in Thieren).

In der Auffassung der Kla (bei den Odschi) kommt das organische Wachsthum des Denkprozesses zum Bewusstsein für den, der nicht selbst zu denken, sondern ein Etwas in sich denken fühlt. So doppelt sich die Seele, zweifach zerfallend, in diejenige, welche im eigenen Willen wirkt, und diejenige, die gleich Sokrates' Dämon als Stimme zu sprechen scheint, guter oder böser, weiblicher und männlicher (in Gbesi) für Kla, als nochmals gespalten. Wie man manchmal, unzufrieden mit sich, zurückblickt auf den verschiedenen Ausgang, der beim Folgen früherer Eingebungen resultirt haben würde, so liegt es dem Gulneer im Gedankengange, gesondert solche Wesen zu setzen, die gleich einem guten oder bösen Genius die Seele begleiten und ihre Ehrerbietung verlangen (wie Ming Khuan bei den Siamesen u. s. w.).

Cum nascimur, duos genios sortimur (s. Virgil), und »Genium appellant deum (Paul. Diac.), naturalem deum uniuscujusque foci vel rei aut hominis« (s. Servius). Als Atua begleitet die Seele im Schatten, und unter den Paradoxen, ob »der Schatten lebendig«, könnte sich die Wage zur Bejahung neigen (nach Fechner).

Ist eine Person gestorben, so kann der Sisa[²]) im Hause bleiben, wo der Leichnam ist; da kann er mit seinen Gebeinen aus dem Grabe steigen, aber Niemand sieht ihn, ausser dem Wongmann; er kann da die noch Lebenden plagen, krank machen u. s. w., bis er entweder selbst sich an den eigentlichen Aufenthalt der Sisa, an die Ufer des Volta (Aisa) begiebt oder vom Wongmann dorthin getrieben wird (s. Steinhauser).

Hat der Kla krank gemacht, so giebt sich (beim Citiren durch den Wongmann) als Ursache: weil erwiesene Wohlthaten nicht geachtet seien oder keine Ehrerbietung bezeugt wurde in angemessener Kleidung u. s. w. (s. Steinhauser), wie in Siam der Kopf nicht berührt werden darf (und die Haare sorgfältig behandelt werden müssen), um den Khuan (Ming Khuan) nicht zu beleidigen, sonst könnte (bei seinem Entfliehen) das Kind von Krämpfen ergriffen werden, und dann bedarf es des Zurückrufens (im Riök Ming Khuan). Vlkr. d. ö. As. III. S. 236.

The spirit Tso resides on the upper part of the human head and as long, as he keeps his seat, no keluh can do any mischief (bei den Karen).

Ils appellent l'ombre d'une personne Passadoor ou Conducteur, et disent que cette ombre temoignera contre elle, si elle a bien au mal vécu (am Benin). Der dem Einzelmenschen begleitende Geist Akua noho (einwohnender Gott) wacht über denselben (cf. Hawaii Z. K. H. S. 18). Die Wittwe (in Fetu) sammelt Geld, ein Opferthier zu kaufen für den Priester, afin qu'il prie les Fetiches du défunt, de le conduire en lieu de repos (s. Villault), so dass der eigene Genius dann als Psychopompos fungirt (wie der treue Haushund bei den Polarvölkern).

Bei dem Begräbniss im Hause kann die Seele dort in bequemster Weise durch einen Trichter (wie am Bonny und in Assam) gefüttert werden, um das Hinaustragen der Dadisa oder Todtenmahle auf die Kirchhöfe zu sparen, und auch der Platz lässt sich im Leben schon (wie bei der Sargbestellung in China) für die Zukunft aussuchen.

A ravine full of the densest and richest vegetation, whence a limpid well of delicious water gushes up and flows along in a purling stream to the river (am Kalabar), was considered hallowed ground by the king, and all his people had strict commands to revere it as such. Not a branch of a tree was allowed to be cut here, for the king believed it to be the residence of the god »Anansa«[63]), the tutelary guardian of Oldtown, with whom he expected to take up his abode, when he died (s. Hutchinson), und so reservirte sich Numa seinen Hain (Egeria's).

Die Ekpo (ghost, a disembodied spirit) »are believed to remain on earth« (in Kalabar), und indem das Sterben beständig fortgeht, bedarf es aller zwei Jahre der Ndök genannte Ceremonie zur Auskehrung, indem die in die »traps« (s. Goldie) der Nabikim — (a rude figure or image of something, as of a man, an isantem etc., made of grass, old cloth, or any slight material and stuck up before the houses) — vor dem Lärm geflüchteten und so gefangenen Luftdämone in den Fluss geworfen werden (and the town is considered purified). Später werden die Seelen in immer weitere Entfernung gedrängt, meist nach Westen (wie in Polynesien), und besonders strebt man sich durch einen Fluss (der Vergessenheit, im Lethe) von ihnen zu separiren, unter Anweisung eines besonderen Geisterreiches. (s. Mensch in der Geschichte I., S. 207.)

Immerhin sucht man jedoch gerne einen geeigneten Verkehr zu unterhalten, besonders mit den Gebstern (den Ahnengeistern des durch sie zaubernden Schamen) der Weisen und der Greisen, der in der vorliegenden Gliederung der Altersklassen[44]) naturgemäss aufgestiegenen Geronten des Senatus, gleich den Gnekbade der Kru, als erfahrungsreiche und deshalb werthgeschätzte Rathgeber (wie in kirgischer Parabel dargelegt), und so heisst der »gelehrte Mensch« (s. Gaster) »der Schatzmeister der Zukunft« (in rumänischer Alexander-Sage).

Mit den Königen werden in afrikanischen Leichenfesten die Diener in Menschenopfer zum Jenseits befördert, wo jene fortthronen in Herrlichkeit und so von dort noch rückwirkende Kraft äussern können, wie in graduirten Masse die Vornehmen überhaupt, während die Seelen des Volks, als vom Atua gefressen, gänzlich zu Grunde gehn (in Polynesien). Ἥρως χαῖρε, heisst es auf boötischen Leichensteinen (im ἀφηρωίζειν), und in Siam wird der Chao (oder Herr) angerufen, um niederzusteigen (in Begeisterung des Orakels). Der Mensch findet in sich selbst ein Etwas, das im Verständniss desselben freilich er selbst[48]) ist, das aber doch, weil aus einem Unbewussten aufsteigend, sich für ihn doppelt in der Stimme des Innern (als Gbesi), und so überträgt er auf alle anderen Naturgegenstände gleichfalls ein Innerliches als Geistiges aus einem κόσμος νοητός, in einen Edro oder Won. Auch in der Noli des Idealmenschen wohnt also bereits ein Edro, der dann, wenn der Luwo als Schatten sich dem Körper einigt und dort einen eigenen Willen gefunden hat, in einem andern Naturgegenstande Stellung nimmt, demjenigen, mit dem in empfänglicher Stunde sich die Aufmerksamkeit geeinigt hat, ihn als Schutzgeist für das Leben zu wählen, (wie der Indianer sein Totem). Auch dem Fetu ist persönlich ein Thier heilig[44]), dessen er sich von den Ahnen her, also stammweise, zu essen enthält. Aber ausserdem mag er sich für bestimmte Zwecke die dazu jedesmal geeigneten Fetische, oder die Edro derselben, günstig stimmen in geweihten Amuletten, und wird durch solche Möglichkeit, einzelne zu Freunden zu gewinnen, auf die Weiterforderung geführt, andere als ihm feindlich zu betrachten, deren Abneigung zu sühnen, (unter Kenntniss zauberkräftiger Riten), oder (bei eigenem Besitz genügend kräftiger Schutzgeister) zu bekämpfen gilt. Da aber nun in manchem oder der Mehrzahl der Fälle das Feindlich-Böse im Leid des Lebens sich über jede einleitbare Berechnung hinaus als unnahbar überwiegend erweist, tritt die Vorstellung einer schwarzen Hälfte der Natur in dem dualistisch bei Mawu der Gottheit die Wage haltenden Abonsom hinzu, auf der

Erde reflektirt aus dem dunklen Schoose derselben, in Sasabonsom, und hier, wenn überhaupt ein Widerstand geleistet werden soll, benöthigt sich gefährliches Operiren, das oft schon im Leben dem Angeklagten dieses kostet, um die Sicherheit in dem (dem Menschen als ζῶον πολιτικόν vorbedinglichen) Gemeindewesen zu bewahren. Solche Vorstellung verbindet sich dann mit der des Todes, wie in dem als Jäger erscheinenden Kuku (Tod oder Sterben), und nur die ihm unter den Menschen schon, als Böse, Verfallenen sind deshalb auch dem vollen Tode verfallen, während dieser sonst einfache Einleitung zur Neuerung der Wiedergeburt bildet, nach periodischem Spuken am Grabe. Indem es heisst, dass Mawu die Seele (in Noli) jedes Neugeborenen aus Nodsi einnimmt, dem Stammeslande der Eweer, so liegt darin der Zusammenhang ausgedrückt, welcher von den Ahnen bis auf die Nachkommen hin, im Leben eines Volkes, bei nationaler Entwickelung, das Ganze psychischer Einheit durchdringt.

Im Tode[6]) starrt ein fremdartiges Grausen entgegen aus unbekanntem Jenseits, indem der in der Vollkommenheit der Gesundheit Lebende für Aenderung dieses ihm normalen Zustandes keinen Grund absieht, und wie der Abipone (s. Dobritzhoffer) jeden Todesfall durch feindlichbösen Eingriff verursacht sein lässt, denkt es sich überall unter den Naturvölkern, so dass der Tod demnach eigentlich nicht hingehört in die Welt und erst in Folge eines Missverständnisses entstanden sei (in den Diskussionen bei Eskimo, Hottentotten, Arowaken u. s. w.). So, wenn in Guinea die materielle Welt als »lebendig athmende Masse« gedacht wird (s. Cruikshank) unter fortgehenden Schöpfungen des Schöpfergottes (Mawu oder Niangkopong) lässt sich verstehen, wie zeitweis Kla in Sisa sich wandeln mag und diese in jene, oder wie die Sisa nach eigenem Willen aus temporärem Verweilen auf den Inseln des Volta wieder in den Körper eines Menschen oder auch von Thieren, (was buddhistisch nach der Karma bestimmt sein würde, ohne freie Auswahl, wie hier) zurückkehren mag. So müsste dieser Existenzwechsel, (also auch bei der Kla als Seele im lebenden Körper), vom eigenen Willen abhängig bleiben, der sich selbstverständlich nur selten zum Tode entschliessen würde, aber diesen, trotz und gegen seinen Entschluss, eintreten sieht. Nun können allerdings manche der Leiden und Krankheiten, von denen die Erfahrung Weiterführung bis zum Tode lehrt, durch strafende Götter verursacht sein, da die Wong, obwohl an sich »Schützer«, doch auch den Willen des höchsten Nyangkupong in durchschauender Gerechtigkeit zu erfüllen haben und ebenso der Edro die Satzungen Mawu's. Indem aber hierin der »Richter« (Edro) liegt, wird sich stets, da im Rechten der Menschen und Götter, (wie in Sikyon), ein Gesetzeskodex niedergelegt war, innerhalb der kulturellen Ceremonien ein entsprechendes Abkommen treffen lassen, worin, nach dem Rechtsspruche, die über die Menschen verhängten Strafen gesühnt werden mögen, oder es sich doch auch vielleicht nachweisen liess, dass diese, weil für Sühne zu schwer, ihren Verlauf nehmen müssten. Ausserdem schrecken manchmal noch die Erinnerungen an die Abgeschiedenen, worin als direkt mit Todesvorstellungen verknüpft, vieles Unheimliche bereits durchläuft. Aber auch hier kennt der Priester die Heilmittel, um, wenn die Sisa in der durch das Begraben bedingten Form des Gerippes, (wie in Guatemala), erscheint, sie an den ihr angewiesenen Aufenthaltsort zurückzuschrecken, (wie der Bogaler bei Arowaken durch den Lärm der Maraka). Wenn nun aber, trotz all solcher Vorkehrungen, die legitimer Weise getroffen werden können, — sei es indem man dem vom Wulomo bedienten Wong seine Verehrung erweist, oder die Verstössung gegen die eigene Kla gut macht, sei es dass man durch den Wongtsche (in seinem Haupte) während der Besessenheit, oder durch den Gbali im Citiren zur Unterredung, die Wong um die Justa, welche sie, als bisher mangelnd, verlangen, befragt, — wenn trotz alledem und alledem, dass sämmtlichen Vorschriften im orthodoxen Kulte genügt ist, der Tod dennoch eintritt, so beweist dies das (ausserhalb liegende) Dasein einer auf dunkler Hälfte der Natur in Geheimnissen, die der Theurgie unzugänglich sind, mysteriös verschlungenen Macht, die Macht nämlich des hervorzischenden (und mit dem Todespfeile treffenden) Bösens, im Abonsom (oder dem irdischen Reflex im Sasambonsom des Waldesschauers), und wer nun hier ebenfalls, im frevelhaft kühnen Wagen, Wirkungskraft erlangt hat, der wird, wenn auch für eigennützige Zwecke mitunter benutzt, im Allgemeinbesten als Verdächtiger geflohen und zugleich als Gemeinschädlicher verfolgt, wie der Endotsche, dessen Ursprung in Loango sich mit dem Sterben verknüpft.

Indem die geistigen Potenzen der Naturgegenstände, diesen einwohnend gedacht, sich bei Eskimo als Innuä (Besitzer), im Elk als Idem (das Selbst), als Genius qui vim obtineret rerum omnium generandorum (Paul. Diac.) u. s. w. bezeichnet finden, so werden wir dadurch auf sonst unzugängliche Erinnerungen aus der Kindheit des Volkslebens zurückgeführt. Wie die aus eigener

Kindheit, seit der sonnige Tag des Bewusstseins eingetreten, in schattenhafte Traumbilder dunkler Nacht dem Auge entschwunden sind, so die aus der Prähistorie des Naturzustandes dem Kulturvolke. Aber wie wir oftmals bei zufällig lebendig gebliebenen Gedanken-Überbleibseln eines in früher Kindheit im Gedächtniss hängen gebliebenen Spruches (oder Thuns) aufklärende Lichtstreifen gewinnen mögen für Motive, die später noch fortwirken (in der Entwickelung eigener Persönlichkeit, bei dieser zugewandten Selbstbeobachtung), so werden jene elementaren Völkergedanken, weil aus eherner Nothwendigkeit organisch erwachsen, für die Physiologie des Gesellschaftsorganismus auf fortgeschritteneren Stadien**) Erklärungen zu liefern vermögen, für welche bis vor Kurzem jede Möglichkeit ausfiel. Kaum ist der Philosophie je ein bedeutungsvolleres Objekt der Studien gestellt als hier in induktiver Behandlung der psychischen Welt. In der Philosophie der Kultur leuchtet der Gedankenblitz des Einzelnen, wenn begabtem Talent's, und wie wir den gottbegeisterten Dichter mit Freude lesen und bewundern, nicht jedoch den schulmässigen Dichterling, so werden wir auch von dem geborenen Philosophen Vieles lernen, den künstlich zwischengedrängten lieber wohl dem Verfalle seines System's überlassen. Im Völkergedanken dagegen haben wir den naturnothwendigen Ausdruck geistigen Schaffen's, nicht wie im Einzelnen nur manifestirt, sondern in der Menschheit als Gesellschaftswesen nach den verschiedenen Umkreisungen ethnischer Variationen auf dem Erdball (für komparativen Ueberblick und genetische Ausbildung).

Bei Eintritt der Reinigung*⁹) wurden Mädchen, unter Behang mit Amuletten und Talismanen, buntgeschmückt umhergeführt (an der Goldküste), im Anschluss an die aus allen Gegenden (auch an der Loangoküste)⁷⁰) wiederholten Ceremonien⁷¹) der (im enggezogenen Gesichtskreis der Naturstämme) das Interesse vorzugsweise absorbirenden Altersstufengrade (mit dem der Pubertät, für die sozialen Verhältnisse auch, — in Ehe⁷²) und Wehrhaftmachung, — als wichtigsten), und in den Kamerungegenden haben die Knaben ihre Vorbereitungen zur Jünglingsweihe⁷³) im Buschland durchzumachen, während in Bomma Voranzeichen politischer Ordnung schon einzugreifen beginnen.

Wenn ein Fürst eine Quimba errichtet, treten ausser seinen eigenen Leuten auch oft fremde (aus benachbarten Dörfern) darin ein, und diese müssen dann, für den Unterricht durch den Longa Inquimba, Zahlung leisten (wie es mitunter auch für Mädchen eingerichtet wird).

In Bomma gehen oft mehrere Jahre hin, ohne dass eine Quimba geöffnet wird, und wenn dieses dann in einem Dorfe geschieht, strömen dort auch aus den umliegenden alle die jungen Leute, die diese Weiheceremonien noch nicht durchgemacht haben, zusammen, so dass sich oft in einer und derselben Quimba die verschiedensten Altersstufen von 8—20 Jahren vereinigt finden mögen. Regelmässig wird dagegen die Beschneidung (Longa) geübt (bei der die Knaben im Walde zurückgehalten werden bis zur feierlichen Entlassung nach Vernarbung der Wunde), während man für die darauf folgende Wehrhaftmachung in der Inquimba (Kimba) ausserhalb des Dorfes ein langes Haus erbaut. Die darin für die Jünglingsweihe Eintretenden werden in

Palmblattzeugo (Gomba) gekleidet, einer Reihe von Prüfungen unterworfen, in einen todtenähnlichen Zustand versetzt und im Fetischhaus begraben. Wenn sie wieder zum Leben erweckt werden, haben sie (wie im Belli-Paro) das Gedächtniss für alles Frühere, selbst für ihre Eltern, ihren Vater und Mutter verloren, und sie vermögen sich ihres eigenen Namens nicht mehr zu erinnern. Es werden ihnen deshalb, je nach den Titeln oder Graden, zu denen sie aufgestiegen sind, neue Namen gegeben, wie Lufala, Lutelo, Chinkelo, Luvungu, Malunga, Lubele, Juka, und das Führen eines solchen Namens lässt erkennen, dass das Individuum die Quimba (das Mokissie Quimba) durchgemacht hat. Bei den Bassuto werden die beschnittenen Knaben während der Zeit, dass sie am Umlimo (Hochaltar) an abgelegenem Ort verweilen, durch ihre Eltern mit Speise versehen und dürfen, nachdem sie in den Kraal zurückgeführt sind, nicht die Zähne zeigen (d. h. weder reden noch lachen), bis das Korn aufgewachsen ist. In Mayumbe wurden die durch Fasten in dunkler Kammer vorbereiteten und durch Schweigen geprüften Novizen vom Priester des Idols Maramba durch Schulterschnitte geweiht. Nach Cavazzi wurden in Congo von den (das Zeichen des Kreuzes gebrauchenden) Zauberern Nquiti geheime Ceremonien in den Wäldern abgehalten, bei welchen die Eintretenden ohnmächtig niederfielen und dann in dem geweihten Kreise wieder zum Leben erweckt wurden.

Quinqure (obwohl wegen seiner Grausamkeit getödtet) wurde von den Zauberpriestern unter den Zumbis (Ahnen) vergöttert, und nach seinem Beispiel, weil aus Lunda stammend (wo die Beschneidung geübt wird), beschneiden sich die Jaga.

Innerhalb der Quimba gehen die Zöglinge nackt, und nur bei Annäherung Fremder werden die Palmblattkleider (über ein Gestell aus Rohrstäben) angelegt. Weder Hände noch Körper sind zu waschen, und es darf nicht von Tellern, sondern nur auf der Erde gegessen werden. Die von den Eltern täglich dem Mutinde oder Zuchtmeister gebrachten Speisen sind vorwiegend mästender Natur, viele Arten von Fleisch und Fisch jedoch verboten. Die Knaben lernen neben dem Verfertigen von Palmwein, Fischen und anderen Kunstfertigkeiten allerlei Geheimnisse, die sie durch einen Schwur beim Fetisch verbunden sind, Niemandem zu verrathen. Damit sie sich untereinander verständigen können, ohne von Uneingeweihten belauscht zu werden, besitzen sie eine Geheimsprache, die von der gewöhnlichen abweicht. Darin, sowie in den Ceremonien Siquimbe (des Fetisch Quimba) unterrichtet der Mutende Anquimba (Inquimbo) und der Hülfslehrer Baku, als Assistent. Andere Gehülfen, — besonders auch für Uebung des heiligen Tanzes (Sangila) Sangula oder wie er in Noki (auch in Sunda) heisst: Cocchina, — sind der Matundo, Malanda, Bondo, Kongo. Der Makunga Imvia vollzieht die Beschneidung. Im Hause der Quimba (Jeso), das beim Verlassen (am Ende der Saison) verbrannt wird, findet sich der Fetisch Tafi, als Holz mit zwei Figuren (Matundo und Malanda), sowie Bondo u. a. m. Die Ganga der Quimba heissen Matando. In Bomma endet die Quimba (unter Festlichkeiten) stets mit einer Jahreszeit, während sie in Mayumba 4 Jahre und länger dauern mag. Der Grossfetischir oder Gross-Woodnuss (der Dahomet oder Dahomey) »sagte, er komme vom Himmel und gab sich für den Dolmetscher der Götter auf der Erde aus« (s. Labarthe). Bei den Wanika darf die heilige Hütte (Moro) in Kaya von Uneingeweihten nicht betreten werden, und so nicht der Wald, wo Bunsi aus der Erde redet (wie ähnlich bei Mpongwe). In den Fetischwäldern staffiren sich die Ordensbrüder mit den Verkleidungen zum Mummenschanz aus, und im Kultus zu Pheneos

(In Arkadien) legte der Priester der grossen
Weihe die Maske der Demeter-Kidaria an. Um
Pastophoros zu werden, musste die Weihe der
Isis und des Osiris durchgemacht sein (s. Apulejus).
In der Sprache der Quimba (Bomma's) heisst
der Weisse (Mundele) Nawonŏno oder Novo,
Branntwein (Malava) Tonva, dann Wasser:
Luimvoa oder Mayumwa (Nuimwe), Feuer: Giovi
oder Yananjoge, Mond: Lumbowa, Kopf: Dumvela, Augen: Limbuanve (Simbuanve), Haus:
Tschovo, Ohr: Jovo, Zahn: Masini, Hand: Untamiguffu, Leopard: Matscherata-mansefe, Krokodil:
Matscherata-maniumfe, Wald: Sefe, Essen: matefa,
Sprechen: choya, Vater: Baku, Mutter: Kongamtumba, Erdnuss: Cuimva, Palmnuss: Kidima,
Calabasse: Chofot, Nase: Masunu u. s. w. In
der gewöhnlichen Sprache würden diese Worte
heissen: Masa, tubia (baso), gondo, ntu, dissu
(messu), mso, cutu (matua), menu, cuacu (mucaco), ngo (chicumbe), ngandu, m'schitu, dia vovu,
tata, mama u. s. w. Masunu (statt junu oder
mazammau) ist z. B. aus der Bunda-Sprache. Gezählt wird cochi (mochi), kelle (solle), tatu, maia
(ina), tanu, samanu, semboari (semboella), nane,
evua, cumi u. s. w., und in der Quimba-Sprache:
1 Tschanangowe (Umgosi), 2 Tschanangiobi (Giobi),
3 Tschanantafu (Umtafu), 4 Tschananquibanganu
(Quibaganga), 5 Tanumgibe (Untembu), 6 Salangano (Sanamgena), 7 Nanumgide (Sambuageddi),
8 Suangiele (Namvo), 9 Intschana, 10 Tschanalunguinova, 20 Tschanam-tschiobi, 100 Umtschana.
Dieser heiligen Sprache, neben der noch freimaurerische Griffe vorkommen sollen, fehlen nicht
die Gestikulationen, die in allen afrikanischen
Unterhaltungen hervortreten, wie z. B. Proyart
bemerkt: »Wenn man ihre Sprache nicht versteht,
so könnte man ihre Gespräche für ein Spiel
halten. Sie haben nämlich eine sonderbare Gewohnheit, die eben sehr gut dazu dient, die Aufmerksamkeit der Zuhörer zu erhalten und unwichtigen Gesprächen ein gewisses Interesse zu

geben. Diese Gewohnheit besteht darin, dass, wenn sie öffentlich reden, sie die Zahlen durch Geberden anzeigen. Derjenige z. B., der sagen will: ich habe sechs Papageien und vier Rebhühner gesehen, sagt blos: ich habe (6) Papageien und (4) Rebhühner gesehen, und macht zugleich zwei Gesten, wovon die eine 6, die andere 4 ausdrückt. In demselben Augenblick rufen alle Anwesenden: sechs, vier, und der Redende fährt alsdann weiter fort. Wenn Jemand von der Gesellschaft entweder zerstreut wäre oder erst nach dem Andern zuriefe, so würde man glauben, dass er schlummerte oder mit seinen Gedanken umherschweifte, und man würde ihn für unhöflich halten.« Die Priester der Dacota gebrauchten eine geheime Sprache mit verändertem Wortsinn (und so auf polynesischen Inseln).

(D. Exp. a. d. Lngk. II, 12.)

Der grosse Fetisch lebt im Innern des Buschlandes, wo ihn Niemand sieht und Niemand sehen kann. Wenn er stirbt, sammeln die Fetischpriester sorgfältig seine Knochen, um sie wieder zu beleben, und ernähren sie, damit er auf's Neue Fleisch und Blut gewinne. Es ist aber nicht gut, davon zu sprechen. Im Lande Ambamba muss jeder einmal gestorben sein, und wenn der Fetischpriester seine Calabasse gegen ein Dorf schüttelt, so fallen diejenigen Männer und Jünglinge, deren Stunde gekommen ist, in einen Zustand lebloser Erstarrung, aus dem sie gewöhnlich nach drei Tagen auferstehen. Den aber, welchen der Fetisch liebt, führt er fort in den Busch und begräbt ihn in dem Fetischhause, oftmals für eine lange Reihe von Jahren. Wenn er wieder zum Leben erwacht, beginnt er zu essen und zu trinken, wie zuvor, aber sein Verstand ist fort und der Fetischmann muss ihn erziehen und selbst in jeder Bewegung unterweisen, wie das kleinste Kind. Anfänglich kann das nur

durch den Stock geschehen, aber allmälig kehren die Sinne zurück, so dass sich mit ihm sprechen lässt, und nachdem seine Ausbildung vollendet ist, bringt ihn der Priester seinen Eltern zurück. Dieselben würden ihn selten wieder erkennen, ohne die ausdrückliche Versicherung des Fetizeros, der ihnen zugleich frühere Ereignisse in's Gedächtniss zurückführt. Wer die Prozedur der Wiedergeburt in Ambamba noch nicht durchgemacht hat, ist allgemein verachtet und wird bei den Tänzen nicht zugelassen. So bildet der Scheikh Al-Gebal seine Bathenier in Bamba.
(Besuch in S. Salvador S. 82.)

Identischer Weise gelten die im Waldhaus der Mauwen wiederaufgelebten Knaben (in Ceram) als Neugeborene, welche, da sie die Erinnerung an das frühere verloren, Alles wieder frisch zu erlernen haben, beim Uebertritt aus dem Kindesalter iu die Mannheit (s. Indonesien, I.f. I, S. 145), und daran schliessen sich die complicirten Weihe-Ceremonien Australien's (für Daramulan u. s. w.).

Auf das Pubertätsfest (oder Wagnaro) der Knaben folgt die Aufnahme unter die Jünglinge (bei Wanika).

Die als Kosi geweihten Jünglinge werden später (bei den Eweern) Götzenpriester (das Edro).

Wenn ein Neger ungefähr 16 Jahre alt ist, so muss er sich eine Hütte bauen (beim Butterball-Coustyme) und Spiessruthen laufen (s. Römer) durch seine Altersgenossen (bis zum Fluss).

Bei Weihe der Knaben (durch den Tohunga) im Blätterhaus folgt auf die Ceremonie Kohatu nach Beendigung der Fasten die zweite Taufe (Idi-Idi) bei Maori (s. Inslgr. i. O. S. 195).

Neben der Knabenlustration im Tempel der Ἄρτεμις Κορυθαλλία fand am Altar der Artemis Orthia (Orthosia) die διαμαστίγωσις der Epheben statt (in Sparta), und so bei Bantu (mit ähnlichen Prüfungen in Amerika überall).

»Bei den Mussorongbo wird in der Zeit der Cazimba eine grössere Zahl von Knaben (zwischen 5—6 Jahren) vereinigt, um an ihnen die Beschneidung (Comtinta) gemeinsam zu vollziehen, und sie bleiben dann einige Wochen zusammen, bis das Ganze mit einem Fest beschlossen wird. Bei den Murundas findet (nach Pintos) die Beschneidung im 18.—20. Jahre statt. Die das höchste Wesen Kalumbo verehrenden Moluwa üben die Beschneidung (nach Magyar) und ebenso die Bobal, denen Kájanda der gute, Makitschi der böse Gott ist.«

(D. E. a. d. L. I. S. 177.)

III.

In jedem ethnisch umschriebenen Kreis hat der Gedankengang eine organische Einheit zu bilden, so dass sich nur aus dem Zusammenhang des Ganzen der Einzelausdruck im eigentlichen Sinne, dortig einheimischer Psychologie, verstehen lassen kann, und je tiefer aus dem religiösen Gemüthe[14] deshalb eine Vorstellung, unter der im Geiste dortiger Sprache gewonnenen Namensbezeichnung, emporsteigt, desto mehr muss dafür, in einer andern, das genau entsprechende Acquivalent ermangeln. Das menschlich überall Gleichartige im Elementar-Substrat des Völkergedankens hat überall auch seinen Ausdruck gesucht, realisirt sich jedoch dann eben unter der spezifischen Variation der besonderen Individualisirung, welche nun in diesem, für sie typischen, Charakter erscheint, der (weil ein eigenartiger gerade) von jedem anderen verschieden sein muss (in den, dem Studium vorliegenden, Differenzen), so dass die Misslichkeiten einer Uebersetzung leicht in Missverständliches abirren.

Für europäische Auffassung des afrikanischen Daimonion (im waltenden Numen) ergäbe sich der Fetisch (oder das Complement dieses Lehnwortes im einheimischen Idiom) in der halb objectiv gespiegelten Scele der Subjectivität, die, wenn nicht direct als Schutzgeist [70]) (oder Fravashi) begleitet, aus dem (bei subjectiver Wahl jedesmal aufgefundenen) Naturgegenstande objectiv entgegentritt, und dabei im Gefühlsdenken (auf der Suche nach dem anthropomorphisch reflectirten Gott) mit den seelischen Agentien verschwimmt, welche aus den Erinnerungen an die, trotz des Abscheidens verwandt gebliebenen, Ahnen (oder Manen) darin wogen, (bis zum schliesslichen Auslaufen in das für eigennützige Zwecke roh verwerthete Zauberding, des Grigri).

Der Fetischismus der Neger gilt als die roheste Auffassung der Religion, »Gewissensscheu mit Rücksicht auf die Götter« (s. Dühring), aber roher noch dürfte fast die europäische Auffassung, solch afrikanischer Auffassung, erscheinen, besonders wenn im eigenen [74]) Hause gekehrt werden sollte. Bisher ein zufällig aufgegriffener Spielball, in den Reisebeschreibungen umhergeworfen, hat sich der Fetisch neuerdings ernster Aufmerksamkeit zu erfreuen gehabt, um ihn als psychologisches Beobachtungsobject vorzuführen.

»Der einzige Unterschied ist, dass im Christenthum und Buddhismus an die Stelle der Bilder und Behausungen der Gottheit selber die Bilder und Reliquien der göttlichen Stifter und anderer heiligen Menschen treten,« und so hat man den Fetischismus »mit Unrecht für eine besondere Religionsform oder Religionsstufe gehalten, da er sich im Bilder-, Reliquien-, Amuletten- und Zaubermittelglauben der höheren Religionen genau ebenso findet, wie im Götzendienst wilder Völker« (s. Pfleiderer).

Andererseits, wenn man nicht aus fortgeschrittenen Religionen auf die niederen Vorstufen zurückrechnet, sondern von diesen einen objectiven Ausgangspunkt nähme, liesse sich die Sache (umgekehrt) auch so fassen, dass das, was, nach den oberflächlichen Beobachtungen kurzer Reisebesuche, den Gelehrten der Heimath als Unterlage für ihre Studien geboten war, nur die letzten Ausartungen populärer Hülfsmittel vor Augen führte, denen indess, wie stets beim Kern religiösen Glaubens, ein in individueller Verschlossenheit durchgebildetes System unterbreitet lag, was sich bei psychologisch tieferem Eindringen als eine der elementaren Grundlagen beweist, wie sie sich durch alle Religionen gleichmässig, — durch höhere und niedere (in höheren Formen dort, in niederen hier), — als rother Faden hindurchzieht, und (faute de mieux) den Namen des Fetischismus (weil von dort genommen, wo am durchgehendsten) vorläufig fortbewahren könnte, wenn man so will (oder sonst einen galanteren empfehlen).

Auch haben bereits früher, eingehendere Beobachtungen, als diejenigen, auf welche De Brosses seine Darlegungen gründete, einen Sinn des scheinbar sinnlosen Fetischismus herausgefühlt, und so gut sie es (beim damaligen Ausfall ethnischer Gesichtspunkte) bereits vermochten, hie und da angedeutet.

So sagt Bosman: Das Wort Fetisch, eigentlich Bossum (in der Sprache der Neger), kommt vom Namen ihres Idols, welches sie ebenfalls Bossum nennen. Wenn sie ihrem falschen Gotte opfern oder etwas von ihm erfahren wollen, so sagen sie zu einander: »Wir wollen Fetisch machen«, was soviel bedeutet wie: »Wir wollen unsern Gott anbeten und sehen oder hören, was er sagte. Ebenso machen sie Fetisch, um sich zu rächen, wenn sie von jemand beleidigt wurden, und zwar tragen sie dann Fleisch, ein Getränk oder sonst etwas zu ihrem Fetisch oder Priester, damit dieser es verzaubert. Dann bringen sie es an einen Ort, von dem sie wissen, dass ihr Gegner ihn zu betreten pflegt, und glauben fest, dass er in kurzer Zeit sterben muss, wenn er etwas von den verzauberten Dingen berührt. Diejenigen wiederum, welche solchen Zauber zu fürchten haben, lassen sich forttragen, sobald sie bemerken, dass man sie an diesem Ort verderben will; denn in diesem Falle kann weder ihnen noch ihren Trägern etwas geschehen, da das Zaubermittel nur Kraft über den hat, für den es bereitet wurde, und auch dann nur, wenn er es berührt.

Das Fetischwesen bezeichnet also in gewisser Hinsicht jede kulturelle Handlung, wodurch man für sich (unter den jedesmal geltenden mythologischen Anschauungen) mit der unsichtbaren Welt ein befriedigendes Abkommen herzustellen sucht, im »Tanzen des Fetische's (s. Isert), in Fetischbesessenheit oder in Begeisterung (b. Römer), in Opfern, Gebeten u. s. w. Das »Fetischessen« (s. W. J. Müller) führt auf sacramentale Mahle, wie sie in vollendeteren Religionsformen (bis in Herbeiziehung der Hostie zur kräftigenden Eidesbindung) ebensowohl zur Verwendung gekommen, und als ein »Gross-Fetisch« (Bamba's) wird in »luco reverentia« (der Semnonen) aus dem Schauer des Waldes dasjenige herausgefühlt, das nur in Ahnungen nahbar, allzu erhaben selbst für Gebete und Opfer, secretum illud, quod sola reverentia vident (die Germanen).

Da nun allerdings die ursprüngliche Beilegung des

Namen's, welcher den Portugiesen zur Zeit des in Europa grassirenden Hexentreiben's, (im Anschluss an damalige Kulturstufe), gegeben war, aus seiner geschichtlichen Durchbildung her allerlei irreführende Nebenanhängsel bewahren wird, hätte seine Verwendung immer vielfachen Kautelen unterstellt zu bleiben, wenn diese Bezeichnung zur Charakterisirung einer typischen Religionsauffassung dienen sollte.

Freilich würde man, bei allen generellen Namensbezeichnungen, unter etymologischen Tüpftelcien besonders, auf ähnliche Schwierigkeiten gerathen, wobei etwa die der Religion (unter Rückblick auf den eigentlich römischen Sinn), die des deus, dewa, dieu, dios, und germanischer Version in Gott (und qvadâta), dann der Himmel, nach ihren Lokalisationen unter (heliocentrischem) Umbau des Weltgebäudes u. dgl. m., zur Erwähnung zu bringen genügen dürfte. Im Fetisch liegt gewissermassen die (einheitlich am optischen Horizonte abgerundete) Naturanschauung zu bunter Vielfachheit zerbrochen vor, für das Facettenauge niederer Entwicklungsstufe (s. Mensch I. d. Gesch., II, S. 11).

In Akkraischer Sprache nennen sie Gott Niumboo und den Teufel Sissa (s. Roemer), ohne Bildniss von Gott (1769), während sich solche für die Neger in der Religion der Weissen nicht vermissen lassen würden, neben reicher Auswahl von Bildern des Teufels (wie bei ihnen ebenfalls), oder der Heiligen (die je nach dem Standpunkt als schwarze oder weisse aufgefasst zu werden pflegen).

Und dass man übrigens in Afrika schon nach derselben Phraseologie redet, wie anderswo (im »heiligen Lande«), wird anschliessend berichtet: »Ein andermal hat der Fetis gesagt: Liebet ihr nicht das Gute und übt dasselbe, und hasset ihr nicht das Böse und unterlasst es, so will ich selber euren Feinden beystehen, dass sie euch umbringen sollen« (»bisher seyd ihr nur wegen eurer frommen Vorväter verschont worden«).

»Wann die Schwartzen mit uns Blanquen reden, so nennen sie ihren Götzen-Dienst Fitisiken« (W. J. Müller).

»Keiner unter den Schwartzen weiss zu sagen, was O-Bossum [17]), Samman oder Fitiso eigentlich sagt« (1673), und wenn ein Fremder mit Einem aus dem Volk über die Religion des Landes redete, würde sich in jedem (Europa's u. A. m.) wohl ähnliches Resultat ergeben, auf seine Fragen hin (zumal dieses wieder von dem Verständniss des Fragenden abhinge).

Hier, wie nirgends, kommt es nicht auf Namen an, sondern, (vorerst wenigstens), auf das, was unter ihrer Bedeutung ausgedrückt sein soll, und um diese festzustellen, benöthigt die Ethnologie in erster Linie eine vollständige umfassende Materialbeschaffung, aus allen Zeiten und Völkern, um einen deutlichen Ueberblick der Gesammtheit, im ganzen Zusammenhange, umblicken zu können.

Wie das Volk (im Lande der Schleiermacher oder der Rothe, »weisser Theosophien« und »spekulativer Theologien«) auf den Katechismus verwiesen ist, so wird die Kenntniss vom höheren Himmelsgotte nur den Vornehmen und Grossen (in Whydah)[79]) zugeschrieben (bei Des Marchais), und der gemeine Mann (auf Tonga) begnügt sich mit dem Essensgott, die aristokratische Hierarchie Bolotu's der irdischen Aristokratie überlassend.

In Plato's Auffassung erscheint $ἄνοια$ und $ἀμαθία$

als grösstes Uebel und gegenüber der physischen oder mechanischen Weltanschauung setzt sich (bei Trendelenburg) die organische, als religiöse (wo jede Wahrheit ein Strahl des Gedankens), aber »käme die Religion nicht aus dem Herzen, könnte sie auch nicht zum Herzen gehen« (s. De Wette), und »das Denken bringt nothwendig mit zum Vorschein, was in der Tiefe des Herzens lebt« (Jul. Müller). »Der Blick sieht tiefer, wenn ihn die Liebe verklärt« (bei Steffens). Statt dass die Religion aus sittlicher Schwäche der Menschen entstanden, welche »Gott verehren, um nicht nöthig zu haben seine Gebote zu halten« (bei Kant), ist für den Neger jeder Bruch der Gebote ein fataler, da er ihm an's Leben geht (an Hals und Kragen), und Verehrung darüber hin nicht nützen würde, wenn Mawu für Gebete zu weit und sie nicht hört (gleich Baal). Nach den Aleuten weiss Gott am Besten selbst, was nöthig ist, so dass Gebete überflüssig wären (s. Sarytschew).

Die Verwirrung bei Reiseberichten über die Religion liegt meist »im Mangel eines klaren Gedankenaustausches zwischen Eingeborenen und Europäern« (s. Codrington), besonders da »weit höher zuweilen der Examinandus, selbst wenn er ein Neger ist, stehen kann, als der Examinator« (s. M. Müller). Was ein gelegentlicher Reisende seinen Landsleuten von der Religion erzählt, die er bei Wilden angetroffen, zeugt oftmals nur von eigener Verwilderung, oder doch Verwirrung im Irregehen (s. Heilige Sage der Polyn., S. 135).

Das Schaffen des Völkergedankens nach nothwendig gleichartigen Gesetzen spiegelt[79]) sich vor Allem in der Religion, variirend unter der Mannigfaltigkeit der geographischen Provinzen für die äussere Erscheinung, und (beim Hinblick auf diese) bald Fetischismus genannt, bald Polydämonismus, oder auch Mono- und Pantheismus im Verschieben der Grenzlinien zwischen Religion und Philosophie, auf dem Gebiet der Religions-Philosophien (und einst vielleicht naturwissenschaftlicher Psychologie, kraft des Völkergedankens und des von ihm beschafften Materials).

In der »genetisch-spekulativen Methode« wäre der Erfahrungsinhalt der Religion in seiner geschichtlichen und psychologischen Genesis zu verfolgen und durch denkende Verarbeitung dieser »Bewegung im Objekt« das Wesen, das Prinzip des Objektes selbst bis in seinen transszendentalen Ursprung zu durchschauen (s. Pfleiderer), wie inductiv erst nach vervollständigter Materialansammlung geschehen könnte (um das Wachsthumsgesetz des Völkergedankens festzustellen).

Wie der physische Organismus aus embryonalen Voranlagen zur Realisirung emporwächst, so der geistige in (sprachlicherweis) geklärten Vorstellungen, welche unter dem Gewande jedesmaliger Weltanschauung nach Aussen projizirt werden und in den Gestaltungen mythologischer Schöpfungen auf primitiven Stufengraden vor dem Auge des Beobachters entfaltet liegen, oder auf den höheren, ihrer Fortentwickelung nach, in idealistische Regionen auslaufen (bei philosophischer Durchbildung der Religion). Es wird sich hier, nach genügender Kenntniss des angesammelten Materials, ein bestimmter Cyclus der Wachsthumsgesetze feststellen lassen, wie sie sich in jedem Organismus zu manifestiren haben, in jedem allgemein gleichartig, aber in jedem Spezialfall dennoch verschieden, wie bei der Pflanze, seit Einblick in das Zellenleben, die verschiedenen Entwickelungsstadien sich allerdings als

ebenmässig dieselben, theoretisch, verfolgen lassen, aber
in in ihren Realisationen doch, praktisch und faktisch,
solche Verschiedenheiten zur Schau tragen, wie sie die
Palme äquatorial, oder arctisch die Tanne, dem Blicke
vorführt. Der Ausgangspunkt des Studiums kann hier
nicht an dem embryonalen Anfange genommen werden,
der sich in die Mutternacht des Ursprungs dunkel verliert, sondern gegentheils in möglichst scharf detaillirender
Beobachtung der im hellen Lichte der Tagessonne
beleuchteten Differenzen (in comparativer Zerlegung
und daraus berechenbaren Combinationen). Diese klare
Aufgabe naturwissenschaftlicher Forschungsweise pflanzte
in Bereisung der Gallapagos-Inseln[80]) (unter den Va-.
riationen insularer Isolirungen innerhalb einheitlicher
Gruppe), den Keim für jene Reform, die im sog. Monismus
wieder in naturphilosophische Verirrungen[81]) abgezogen
wurde, aber in der Fülle des angesammelten Materials
stets werthvollste Unterlagen für objective Verwerthung
desselben gewähren wird, nachdem auf die streng exacte
Methode der Induction[82]) zurückgelenkt, — und diese
mag dann, bei Uebergang von Physiologie zur Psychologie, zur Durchbildung auch der letztern als Naturwissenschaft fortschreiten, auf die Materialbeschaffung
des Völkergedankens gestützt (für das Geistesleben des
Menschen, als Gesellschaftswesens).

Der Wildzustand, als die Kindheit des Culturvolkes,
enthält die psychischen Keime, aus denen sich die geistigen Schöpfungen djeses entfaltet haben, und wird
deshalb, beim genetischen Durchblick, den Prozess des
Werdens zu erklären haben.

In der individuellen Psychologie kann das Studium
der Kinderseele nur untergeordnet secundäre Bedeutung

beanspruchen, da die unter der ältern aufwachsende Generation, durch überwiegende Schwere jener nothwendig beeinflusst, vorwiegend nur Abbilder zeigen wird, äffende Nachahmungen im kindischen Spiel, — (obwohl auch in solchen mancher ernster Sinn zu suchen wäre), — und die Kinderseele also, wenn zum menschlichen Bewusstsein (des Zoon politikon) erwachend (im Sprachaustausch), bereits nicht mehr sie selbst, sondern die Abschwächung der erwachsenen sein würde. Die Naturstämme gleichfalls gehen für ihren Vollwerth der Ethnologie rasch verloren, wenn sie bereits unter dem (bis zu ihnen gedrungenen) Einfluss eines Kulturvolkes stehen, da dieses stets, nach dem Recht des Stärkeren, auf die primitiv schwächeren Ideen ablenkend einwirken muss, und so in Nachäffereien meist fratzenhafter Verzerrungen, — (wenn nicht innerliche Tüchtigkeit vorhanden, um den zivilisirend eingeschlagenen Weg zur Veredelung durchzukämpfen).

Verschieden von dem Gedanken des Einzelnen[85], der immer noch bei Lebzeiten der vorangegangenen Generation, unter deren Augen und Rückwirkung, heranreift, würde sich (bei organischer Einheit des Menschengeschlechts) der Völkergedanke auf einer bunten Menge originell ungetrübter Felder haben sammeln lassen, (aus weiter Zerstreuung geographischer Provinzen), wenn man nicht unbedacht thatenlos zugeschaut hätte, bis jetzt die Civilisation, mit unaufhaltsamer Rapidität, auch bis zu den entlegensten Winkeln vordringt, die typischen Originalitäten unrettbar zerstörend, — und damit die wichtigsten Documente für einstige Geschichte der Menschheit (im inductiven Sinne).

Wie bei den Naturstämmen überall giebt es unter Afrika's Zauberpriester auch ἢ οἱ μάντεῖς εἰσι, θυοσκόοι, ἢ ἱερῆς (in der Ilias), neben einem vorantretenden πρόμαντις (bei Paus.) vielleicht, oder προφῆται, auch Zeichendeuter, dann, durch Eingebungen eines Favoritgottes (eines spiritus familiaris oder sonstigen Fetisch) begünstigt, oder durch den, auf die Epigonen fortwirkenden, Einfluss der Ahnengeister (bei schamanischen Ceremonien der νεκρομαντεῖα oder ψυχοπομπεῖα), aber an einem ganz andern Platze steht (bei Euripides) Phöbus (in Delphi), Διὸς προφήτης δ'ἐστὶ Λοξίας πατρός (s. Aeschyl.), weil in seinem Orakelworte dasjenige tönt, was aus unabänderlichen Gesetzen des Weltlaufs vorherbestimmt, menschlichem Verständniss[84]) zugänglich gemacht werden könnte.

Solche Bestimmung ist der Seele der Eweer in der Urheimath Nodsie decretirt, (von dorther auch erinnerbar, in Plato's Sinne), und um den Zwiespalt, worin sich der Wille mit einer ihm nicht untergebenen Welt geworfen fühlt, zu heilen, wird jene Vorherbestimmung, als von der Seele selbstwillig ratificirt, hergestellt, um in der Form des Gelübdes aufgefasst zu werden (am Alt-Kalabar).

Wie aus der Urnacht Dunkel (im Kreisen der Po) der Bythos Kumulipo's, in hawaiischer Schöpfung, steigt aus Erebos und Nyx deren Tochter hervor in Μωρός, als Μοῖρα θεῶν, und dann gespalten, nach dem Antheil eines Jeden, in die Moiraé, als Töchter der 'Ανάγκη (bei Plato).

Auch Zeus, obwohl ὕπατος καὶ ἄριστος θεῶν, gehörte doch, gleich den Uebrigen, dem Geschaffenen an, dem durch Geburt in's Dasein Getretenen (als Κρηταγενής), wenn auch Ζεὺς πρῶτος γένετο (orphisch), und so seine Ehren verdient (als Autokrator des Olymp).

Der Aisa (Διὸς αἶσα) gegenüber bleibt er dagegen machtlos, wie Sarpedon's Schicksal beweist, — (denn: τὴν πεπρωμένην μοίρην ἀδύνατά ἐστι ἀποφυγέειν καὶ θεῷ (bei Herod.), — und höchstens mag er als Μοιραγέτης (Schicksalsvertheiler) durch Verstandesmacht vernünftiger βουλή (bei gesetzlicher Verkettung des »Vernünftigen« und des »Seienden«) in der Εἱμαρμένη beeinflussend mitwirken, — kraft überall gültigen Gesetzesrechts (der θέμιστες) —, stets jedoch gebunden durch den bei dem Styx geleisteten Eid (s. Hesiod).

Verständlicher spricht bereits ein göttlicher Logos, — unter Einbegriff der Causae primordiales (bei Erigena) —, in römischer Auffassung unerbittlichen Schicksals: Vox enim Jovis fatum est (Servius), und nicht ein Wille Allah's nur, sondern in polytheistischer Erweiterung: Fatum dicunt quidquid dii fantur, quidquid Jupiter fatur (s. Isid.). Fieri omnia fato ratio cogit fateri (s. Cicero), und in stoischer Philosophie erstarrt das Verhängniss im vorgeschriebenen Kreislauf, κατὰ σπερματικοὺς λόγους.

Dichterisch dagegen mag wieder Zeus — obwohl ursprünglich (bei Hesych.) ein βαίτυλος nur (im lapis capitolinus), — seine Verklärung erhalten, als ἀνάγκη φύσεως (bei Euripides), und in Jupiter (Feretrius später) klärte sich früher (mit Diovispater oder Diespiter[65]) die Himmelshelle zu ähnlichem Gottverständniss, wie es bei Nyame[66]) (in Akwapim) und Nyonmo (in Akra), oder bei Mawu[67]) (der Eweer), bei Abasi[68]) (in Efik) u. s. w. durchblickt.

Am Alt-Kalabar dienen flache Schüsseln (Usan Antika oder Usan Akaneni) zur Verehrung, als Isū Abasi

(GottesAntlitz) oder Isũ Ekpo, indem unter Gebeten Wasser (Usan idio oder usan inyan) hineingegossen wird, das wieder für Zaubereien verwandt werden mag, (wie Weihwasser gegen Behexung der Milch in Ostfriesland), und Usan emana (plate of birth) bezeichnet »the spot in which every individual is in the other world before his birth in this«, sowie Usun akaũu (plate of vow) »the spot where an individual, in the other world goes and makes vow to Abasi, that on his being born into this world he will not live beyond a certain time« (s. Goldie), und so bestimmt sich bei der Schicksalsbefragung der Bubio selbstelgen die als Todesursache überbleibende Krankheit (an Rupe's Orakelplatz).

Im Efik heisst der Schatten Mfut, aber wenn beweglich (of a person or thing, which moves) Ukpön oder dann die Seele (the soul of man), welche den Körper verlassen kann, um verschiedentliche Plätze zu besuchen (besonders in Träumen) und dabei auch gefangen (so dass Tod folgen würde). Bei Krankheiten kann der Abia-Ibŏk (Zauberkünstler oder Arzt) die Seele eines Gesunden in den Körper des Kranken versetzen, so dass dieser genest, jener dagegen stirbt, Abia-ibŏk ökpoha ukpön fũ ˝nö fi ukpön owo enwen (Abia-ibŏk changes your soul and gives you the soul of another person).

Ausserdem bezeichnet Ukpön dasjenige Thier, mit dessen Existenz das individuelle Leben verknüpft ist (it may be a leopard, a fish, a crocodile[**]), any animal whatever), in gegenseitiger Sympathie, so dass Krankheit des Einen die des Andern bedingen würde, und vice versa. Many individuals, it is believed, have the power of metamorphosing themselves into their ũkpön

(s. Goldie), und so die Wehrwölfe (oder ihre geographischen Vicariate) in den Rollen des heiligen Thiers (und populäre Sagenbildung weiter).

Im heiligen Thier wandelt der »anthropomorphische« Gott, wie durch subjectives Complement des Mikrokosmos aus den Gestaltungen des Makrokosmos individuell geschaffen und mit seinen Geschicken sympathisch verknüpft. So bei den Atua Polynesien's, oder (mittelst offenbarenden Pubertätstraums gewonnen) im indianischen Totem, der zugleich bereits im Wappen schmücken mag, unter weitern Verlauf in symbolische Abschwächung, gleich dem Hirsch der Artemis (bei Pindar), dem Adler des Zeus, der Taube der Aphrodite u. s. w. Tanengaki-au war incarnirt in Vögeln, Tane-i-te-utu in Fischen, Tiaio im Aal und Hai, Tarangu in Eidechsen, Tolpo im Centiped u. s. w. (auf Mangaia).

Mit Dsi (das Herz, als das Geistige) oder der Himmel (bei den Eweern) verknüpft sich der Begriff des Hervorkommens (s. Schlegel) in Dsidsi oder Geburt (Dsidsigbe, Geburtstag[90]). Emana (birth) knüpft sich (in Efik) an Mana (to bring forth), to continue or to repeat (s. Goldie), in Wiedergeburten, nachdem mit dem ersten Anstoss die Maschinerie (im Kreislauf des Entstehns und Vergehns) in Bewegung gesetzt worden war.

Obwohl indess als einer jenseitigen Heimath entsprossen, die Seele[91]) ihrem idealen Erinnerungszuge dorthin zu folgen hätte, und so, theoretisch, Alles in bester Ordnung sein würde, schrecken dennoch in der Praxis gespenstische Phantome aus dem Todtenreich, und obwohl (in Fetu) die menschliche Seele (Essessah) »unsterblich sey«, musste, wer »übel gelebt«, als Gespenst (Arapé) »von einem Ort zum andern wandern«, gleich Plato's εἰσειδῆ φαντάσματα, die an den Gräbern umherirrten (als Seelen der Gottlosen). Es wurde deshalb gern ein Seelenland localisirt, wie Mukpo für die Ekpo (in Kalabar), und als nächstliegender Aufenthaltsort pflegt den abgeschiedenen Seelen der Jungle (unbetretener Waldungen) angewiesen zu werden, besonders in den Wildernissen der Wilden. Wenn solche dagegen, wie im sorgfältiger cultivirten Hellas, nicht übrig geblieben waren, wies man dort die Todtengeister weiter fort nach den Asphodelos-Wiesen (ἀσφοδελὸς λειμών) jenseitiger Unterwelt, wo sie über die Oeden hin- und herschweben im Zόφος (Nachtdunkel). Die im ruhmvollen Kampf Gefallenen mögen zu glanzvoller Walhalla aufsteigen, im Gegensatz zu den beim Hinsiechen im Bette verzehrten Seelen, die abgeschwächt hinabsinken, als ἀμενηνὰ κάρηνα, zum Meto (der Maori), im Verwesungsgestank (s. Heilige Sage der Polyn. S. 68), und immer blieben die gewaltsam plötzlicher Weise dem Leben entrissenen Seelen, als spukende, gefährlich. »Die Kranken«[*]) werden todtgeschlagen oder irgend in einen Busch weggeworfen; wenn sie aber plötzlich sterben, dann rufen sie ové, ové, die Seele aus der Hütte zu jagen«[**]) (in Neu-Frankreich). Ermordete müssen so lange auf Erden fortwandeln, als sie noch hätten leben können (in Ostpreussen), wie (in Tirol) die vorzeitig Umgekommenen überhaupt (s. Wuttke). Am Kalabar bezeichnet Ekpo (ghost) »disembodied spirit« (remaining on earth). In Franken steht der zuletzt Gestorbene an der Kirchhofsthüre Wacht, bis zur Ablösung durch nächste Leiche (und so in Irland). Das Herz eines neugeborenen Kindes verschafft Glück im Stehlen (in Schlesien).

Nyankupon erhält die Bezeichnung Damankama, als Schöpfer (s. Riis), und bei den Eweern bezeichnet boade (to create) »to begin existence« (s. Schlegel), im Weltanfang, aus Berosus' Schlamm (bei Zulu). In Yoruba entsteht die Welt aus dem Wasser [*]) durch Ausstreuen von Erde (oder Austreten des vom Menabozho erlangten Sandkörnchens bei Indianer), s. Geogr. u. Ethnlg. Bilder, S. 187.

Im goldenen Zeitalter wurde Kronos »vor lauter Reife überreif, vor lauter Erndte selbst abgeerndtet, ohne die Gabe der Verjüngung, der Alte schlechthin, ein Symbol des Alters und eine verlebte Natur, bleich, dürr, vertrocknet, mit grauem Haar und langem Bart, gekrümmt und dazu finster und mürrisch« (s. Preller). So bedurfte es des Kreislaufs der Verjüngung, wie in den Phasen des Mondwechsels (bei schöpferischen Wandlungen Owe's auf Fiji) symbolisirt, und obwohl für die Naturstämme stets dem Tod entgegengekämpft und beständige Lebensdauer angestrebt wird, entspringt dies doch aus Vollgefühl reifster Gesundheit, da die praktische Verwirklichung im Greisenalter, — (vor etwaiger Vergeisterung, wie bei den Anitu der Chamorro) —, verabscheut wird, und als der Uralte Uyok durchaus nicht sterben wollte, setzten ihn die Efik auf eine Sandbank aus im Cross-river (Akpa-Uyŏk).

Der Ackerbau verknüpft sich stets, mehr oder weniger eng, mit dem Todtenkult (der Demetrioi), schon vom Pflanzungsfest an, in den amtlichen Frühlingsopfern (bei den $\pi\varrho o\chi\alpha\varrho\iota\sigma\tau\eta\varrho\iota\alpha$), wie bei den Naturvölkern überall, weil, wenn die Erde wieder zu treiben anfängt und sich die Keime der Vegetation öffnen, auch die Seelen der Verstorbenen sich regen und in's Licht drängen (s. Preller), so dass (nachdem das Werk, wofür ihre Mitwirkung wünschenswerth, beendet), bei der Erndte (um sie wieder zur Ruhe zu bringen), sich ein Sühnungs- oder Austreibungsfest angezeigt erwies (mit Menschenopfer verbunden bei den Dyura oder »Yams-Costümen«, im Essen der Ersten Früchte unter Aschantie). Bei den an den Thesmophoriazusen gefeierten Gottheiten (Demeter und Kore, Plutos, Kalligeneia, der GeKurotrophos, Hermes und den Chariten) zeigt sich »die doppelte Beziehung des Festes zunächst auf die natürlichen Kräfte des durch die Saat befruchteten Erdbodens, dann aber in der übertragenen Bedeutung der Erdgottheiten als Vorbilder von weiblicher Fruchtbarkeit, Geburt und Kinderpflege.« Am Feste der Chalkeia, wo (neben Hephästos) Athene, als Ἐργάνη (Spinnerin oder Weberin) verehrt wurde, begann man (am Saatmonat) das an den Panathenäen (bei der Erndte) dargebrachte Gewebe des Peplos mit Bildern aus der Gigantomachie (in Bekämpfung der Erd-Dämone). Wie für Demeter Thesmophoros wurden (von Althepos) Heiligthümer des Poseidon, als φυτάλμιος, gestiftet, wo »die attischen Phythaliden, ein Geschlecht der Pflanzer« ihn verehrten, neben anderen Göttern vegetativen Segens (bei Paus.), und die, wie irdisch von Aloeus (Gatte der Iphimedeia), so göttlich von Poseidon gezeugten Aloiden (Otos und Ephialtes) wuchsen (obwohl anfangs winzig klein) rasch in die Höhe, weil genährt vom sprossenden Kornfeld (ζείδωρος ἄρουρα).

Aus dem vom Jüngling im Ringen besiegtem Traumgeist erwächst (bei den Chippewä) Mon-da-min (the spirit's grain), aus seinem in der Erde begrabenen Körper, und so wirken schaffend aus dem Mutterschoss der Erde hervor die Geister der dort niedergelegten

Ahnen, das Wachsthum emportreibend, für dessen fröhliches Gedeihen man deshalb gern ihre Mitwirkung wünscht. Dagegen wird man, wenn die Arbeit gethan, diese nun etwas unheimlichen**) Mitarbeiter dann gerne wieder los, sei es durch gewaltsames Vertreiben, sei es in gütiger Abfindung mit dem Zehrpfennig.

Auf Tanna wachen die Geister der Vorfahren (Aremha oder Götter) über das Wachsthum der Früchte und erhalten beim Opfern der Erstlingsfrüchte unter Gebet ihre Zehrgaben (s. Turner). Bei der Ernte wird eine aus der letzten Garbe gefertigte Puppe umtanzt, als der »Olle« (in Mecklenburg) und ein Büschel bleibt als »Vergodendeel« auf dem Felde stehen (in der Mark).

»Im anfange des Rosenmondes, welche Zeit die Peruer Haluncuzqui zu nennen pflegen, ärnteten sie den Mais ein, und feierten das Fest Aimorai. Sie kehrten alsdan singende von den Aeckern chacra wieder nach hause, und trugen einigen Mais in einem kleinen Bündlein Perua: welches sie drei nächte, unter köstlichen Tüchern verborgen, bewacheten, und endlich anbäteten; damit das Bündlein Perua den eingeärnteten Mais vor verderbung bewahren, und was man darvon wieder pflantzen würde, fruchtbahrlich möchte gedeien lassen. Auch fragten die Zeuberer Perua, ob es währen könte bis in das zukünftige Jahr. Sofern nun der Teufel aus diesem Bündlein nein antwortete, brachten sie dasselbe auf den Acker, verbranten es alda, und machten ein neues Bündlein: welches man, wan es bewähret worden, dass es kräftig genug sein würde ein Jahr unverdorben zu bleiben, ein Jahr liegen lies.« (Dapper.)

Das Fest der altsächsischen Herrenwoche, die »hillige mênweke« (das Erndtejahr unter Höhenfeuern, Opfern,

Volksversammlung und Tänzen beschliessend) wiederholt sich im »Erinnerungsfest für die im Laufe des landwirthschaftlichen Jahres Verstorben« (s. Rochholz), im Allerseelenfest (wobei dem Heer der Todten Wegzehrung mitgegeben wurde). In Neu-Caledonien streute man auf den Feldern die Zähne alter Greisinnen aus, die dort als Roggenmuhme hütend walten möchten, wie bei Karen (als Meh Phosoph der Siamesen). Bei den mancherlei Schädlichkeiten, die indess das Wohlergehen der jungen Saat bedrohen, bedurfte es zugleich kräftigeren Schutzes, den man am nächsten vom Kriegsgott selbst, in einem Averruncus gleich Mars bei den Ambarvalien (in Cato's Gebet), zu finden vermochte, wie der Maori gleichfalls in Tua, als ihrem Kriegsgott, und auch in Upola waren die Arbeiten des Feldbaues von Sili an Tua übertragen, seinem ältesten Sohn. Die Arvalbrüder beteten beim Fest der Dea dia zu Mars (neben den Laren der Stadtflur) um Segen der Aecker, wie auch Le Sa (a wargod) »was more of an agricultural god« (in Samoa), und er wurde angerufen zunächst gegen die gefährlichsten Feinde, die Raupen, — as they were thought to be his servants, under his orders, to forage and punish (s. Turner) —, während man im Mittelalter solches Ungeziefer durch den Bann der Exorzisation in die Flucht zu jagen keine Schwierigkeiten fand, wenigstens keine logischen (und die wenigsten, — wie nach den Ueberlieferungen scheinen dürfte, — der Bischof von Lausanne).

Bei Wiedergeburt der Seelen im gleichen Stamme[*]) leitet sich der Faden magischer Tradition fort, durch Anrufung der Ahnen, die den Schamanen mit Zauberkraft durchströmen, und bei den Amakosi ziehen sie voran in den Streit, in erster Schlachtenlinie dort zu kämpfen, gleich Ajax bei den Lokrern.

Zum Schluss folge die »Schöpfungsmythe von Alt-Kalabar«, wie bereits mitgetheilt (O. u. E. B. S. 191):

Abasi erhebt sich und nimmt seinen Sitz ein. Alle Dinge schafft er, alle Dinge oben, alle Dinge unten: schafft das Wasser und den Wald und die Flüsse und die Quellen und die Thiere des Waldes. Er schafft alle Dinge, die da sind in der ganzen Welt, aber den Menschen schafft er nicht, denn der Mensch lebt im Jenseits mit Abasi. Kein Mensch lebt auf der Erde, wohl aber die Thiere des Waldes, die Fische, die im Wasser wohnen, die Vögel, welche die Luft durchfliegen und andere Geschöpfe der Fülle, zu zählen sind sie nicht. Aber Menschen gab es keine, sie wohnten droben mit Abasi in seiner Stadt; und so oft Abasi niedersass und ass, kamen sie herbei, um mit ihm und seiner Atai der Unterhaltung zu pflegen.

Zeit schwindet hin. Einst redet Atai, sie ruft. Er antwortet; sie spricht: „Geschaffen sind die Dinge; sie sind gut. Dort ist die Erde isön, die du ausgebreitet, hier der Himmel enyön, den wir bewohnen. Aber ein Haupt fehlt dem, was du geschaffen, ein Ordner fehlt, und nur der Mensch vermag dem Fehler abzuhelfen, wenn du ihn dorthin stellst. Siehe, wie es geschehen kann, dass er die Erde bewohne und Feuer entzünde; denn kalt ist es am Himmel, so lange kein Feuer auf Erden brennt." Abasi ist schweigend und stumm. „Atai," sagt er sodann. „Hier bin ich," antwortet sie. Er spricht: „Nicht in den Grenzen meiner Macht ist solcher Versuch. Würde den Menschen ich auf die Erde setzen, der Mensch, dort wohnend und lebend, würde bald sich mit mir messen, würde zu sagen beginnen: „Ich bin gleich Ihm," würde zu sagen beginnen: „Ich kenne alles was geschehen." Siehst du Mittel und Wege es zu hindern, dass er nicht in seinem Stolze sich überhebe, dann mag es geschehen, dass der Mensch auf Erden wohne." Sagt sein Gemahl: „Nicht solches sich vermessen wird der Mensch; hast du ihn dorthin auf Erden gestellt, werde ich über ihn wachen. Selbst begreifen wird der Mensch, dass er mit dir sich nicht vergleichen kann. Hast du den Menschen dorthin gestellt, so gieb ihn in meine Hand; ich werde wachen, dass er nicht versuche, sich mit dir zu messen; ich werde den Menschen hindern, werde verhindern, dass er dich übertreffe." Abasi stimmt bei. „Wohl," sagt er, „so mag es sein."

Zeit schwindet hin. Abasi nimmt einen Menschen männlichen Geschlechts, „der soll auf Erden wohnen," sagt er. „Der Mann soll die Erde bewohnen, und wenn es Essenszeit ist, wenn man im Himmel die Essensglocke (oder den Tam-Tam) läutet, so soll er aufsteigen, um Speise zu nehmen, und wenn gesättigt, soll er niedersteigen und zur Erde zurückkehren. Passende Zeiten zum Essen sind: am Morgen, dann mag er zum Himmel kommen; am Mittage, dann mag er kommen; am Abende, dann komme er. Alle seine Speise geniesse er dort." Abasi redet zum Mann, dass er niemals wünschen dürfe, Speise unten zu finden, denn würde er essbare Speise unten finden, so würde er sich nicht weiter um andere Speisen kümmern, er würde nichts anderes denken und hoffen, er würde nicht ferner nach oben für seine Speisen kommen, und dann die Folge würde sein, dass er seiner (Abasi's) vergesse.

Das Weib (Atai) spricht zu ihm (Abasi): „Es ist nicht gut, dass der Mensch allein lebe, er bedarf eines Weibes. Für den Mann ist es recht, mit der Frau zu leben, für die Frau mit dem Mann." Abasi stimmt bei, er antwortet der Atai: „So sollte es sein. Aber gäbe ich dem Mann eine Frau, mit ihm zu wohnen, so wird es geschehen, dass Kinder geboren werden, männliche und weibliche Kinder, so dass der Menschen viele werden, und sind ihrer viele, werden sie mich vergessen." Das Weib sagt zu ihm: „Wohlan, so lass es geschehen, dass sie dort beisammen wohnen, aber nicht die gleiche Matte (zum Beschlafen) gebrauchen." Abasi stimmt bei. Er nimmt die Frau, er sagt ihr, dass sie dort mit dem Manne wohnen müsse; die Frau geht, sie setzt sich zum Manne, sie wohnen beisammen. Abasi warnt sie, nicht dieselbe Matte zu gebrauchen. Sie stimmen bei und leben in Gesellschaft, dann wenn die Zeit der Speise gekommen ist, steigen sie nach oben an den geeigneten Tagen, die Frau geht nach oben mit ihrem Gatten, sie essen dort, und wenn sie gegessen, stehen sie auf.

Ihre Freundin schliesst sich ihr an. Sie bittet um Erlaubniss sie begleiten zu dürfen und geht mit ihr zur Erde. „Nenne mich Freundin," sagt sie zur Frau. Sie spricht zu ihr: „Das Land, das ihr bewohnt, scheint ein gutes Land, aber wie kommt es, dass ihr so unthätig seid?" „Wie so?" meint die Freundin Sie spricht: „Ihr sagt, dass ihr nicht nach den Mitteln wünschet, euch selbst Speise zu bereiten, aber die lange Reise, die ihr täglich zu unternehmen habt, ist sie euch nicht zur Last? So esst ihr Speise, die euch nicht gehört, und doch könnte eure eigene Hand euch solche schaffen. Abasi gehört dieser Wald, ich gebe es zu, aber war es nicht Abasi, der euch gebot, hier zu wohnen? Weshalb sucht ihr nicht die Mittel, den Wald zu bebauen, damit ihr eure eigene Speise haben möget?" Ihre Freundin antwortet: „Wahr ist es, wie du sprichst. Aber Abasi lehrt uns, dass wir nicht wünschen dürften, eigene Speise auf Erden zu haben, dass er uns stets dort droben Speise geben würde. Er warnte uns, dass, wenn wir den Boden anbauten, wenn wir eigene Speisen hätten, wir uns nicht mehr um Anderes kümmern würden, nicht mehr zum Himmel aufsteigen würden, dort zu essen, dass wir Abasi's vergessen würden, und dann würde Abasi zürnen." Antwortete ihre Freundin: „Er wird nicht zürnen, er wird nichts dazu sagen."

Zeit schwindet hin. Sie kommen nach oben, um zu essen. Ihre Freundin giebt ihr eine Axt und sagt: „Gieb das deinem Gatten, dass er den Wald lichten möge, und ist es geschehen, so lasst es mich wissen." Sie stimmt bei, sie nimmt die Axt, sie giebt sie ihrem Gatten. Der Mann lichtet den Boden seiner Hütte gegenüber, er reinigt und säubert ihn. Die Freundin ist benachrichtigt. Sie sagt: „Lass es liegen, dass es trockne." Sie stimmen bei. Dann als die niedergehauenen Büsche alle da lagen und trocken waren, nimmt die Freundin Feuer vom Himmel, bringt es und sagt: „Entzünde Feuer und wirf es in den Wald!" Sie zündet das Feuer, der Gatte zündet, die Freundin zündet. Sie gehen und werfen es in den Wald, das Feuer verzehrt den Wald. Die Freundin kehrt zurück, sprechend: „Wenn du die Speiseglocke hörst, hab' Acht und komm!" Sie stimmt bei. Sie hören die Speiseglocke, sie gehen, sie essen, und nach dem Essen stehen sie auf. Ihre Freundin ruft sie zu sich. Sie gehen zu dem Hause, sie giebt ihr alle Arten Samen und Früchte, die sie um ihre Hütte pflanzen. Bald kommt ihre Freundin und bringt ein Messer, eine Haue und eine Hacke, und ruft dem Manne, und sie gehen zusammen zu der Stelle, die niedergebrannt wurde. Sie machen sie rein, theilen sie in Felder für die verschiedenen Fruchtarten, die sie pflanzen. Alle kehren zurück. Sie sitzen zusammen in der Hütte, und wenn die Zeit der Speise kam, gingen sie und assen. Nicht lange dauerte es und Alles sprosste hervor. Die Yams treiben ihre Schösslinge, Alles wächst auf. Ihre Freundin sagt bei dem nächsten Besuche: „Lass deinen Gatten die Yams zerschneiden und pflanzen, dass er sehe, wie jeder Sprössling eine neue Frucht giebt." Der Mann thut so, und Speise sprosst in Fülle überall; demselben Tag gehen sie zum Himmel, um das Abendmahl zu essen, und bei der Rückkehr legt sich die Frau, wie sie gewohnt war, auf ihre Matte, der Mann auf die seinige. Die Nacht ist halb vorüber, als der Mann sich erhebt und der Frau naht. "Abasi wird zürnen," meint sie. "Er wird nicht zürnen," sagt er. "Und sollte er auch zürnen, seine Befehle sind schon gebrochen, indem wir den Boden bebauten. So lass uns auch seine übrigen Verbote verachten." Nach langem Sträuben giebt die Frau nach.

Der Tag graut und Monate ziehen vorüber; die Frau empfing denselben Tag, wo sie mit ihrem Gatten zusammenschlief. Ihre Freundin kommt zum Besuch. "Komm mit", sagt sie, alo gehen zu Felde, die Freundin nimmt einen Stock, um aufzugraben. "Komm", sagt sie, "lass uns versuchen, wer am raschesten die Erde weggräbt, lass uns sehen, was wir gepflanzt haben, lass uns sehen, wie es aussieht"; sie stimmt bei. Sie graben die Erde auf, sie ziehen den Yamknollen heraus und behalten ihn. "Lade auf", sagt ihre Freundin; sie thut so, sie kehren zum Haus zurück. Ihre Freundin unterweist sie in allem Nothwendigen; sie giebt ihr Pfeffer und Salz und alles Nöthige, sie giebt ihr Topf und Löffel und Kalabasse, und Mörser und Mahlstein, dann geht sie fort.

So sitzen sie beisammen, bis die Frau die Yams gekocht hat; dann essen sie, Gatte und Gattin, die Sonne geht unter, sie breiten ihre Matten neben einander, sie ruhen beisammen, Gatte und Gattin; die Frau geht nicht mehr um die Essensstunde nach Abasi's Stadt. Abasi frägt den Mann, er sagt: "Wo ist deine Frau?" "Sie ist krank", sagt er, er wollte nicht sagen, sie sei schwanger, denn er fürchtet Abasi's Zorn.

Die Frau zählt die Monate, und als ihre Zeit gekommen, gebärt sie einen Sohn. So leben sie beisammen. Nicht lange nachher, und sie gebärt eine Tochter; so leben sie beisammen. Sie gehen nicht mehr für Speise nach Abasi's Stadt; der Vater lehrt die Kinder, lehrt ihnen, was er weiss.

Denselben Tag ruft Abasi der Atai, er redet sie an, er spricht: "Siehe jetzt, wie es geschehen, was ich gesagt, der Mensch, hat er meiner nicht vergessen?" "Lass das", sagt Atai, "überlass es mir, ich werde wachen." Atai sendet den Tod, der Tod kommt, er tödtet den Gatten, er tödtet die Gattin, er tödtet beide Eltern, die Kinder bleiben allein, die Kinder

leben zusammen; sie leben zusammen, weshalb nicht in Ruhe
und Frieden? Weshalb streiten? Welcher Grund liegt vor?
Aber dennoch streiten sie. Abasi's Atai liess Streit unter ihnen
entstehen und Tod und jedes Uebel, weil ihr Vater Böses gethan hatte.

Eines Tages geschieht es, dass der älteste Sohn und die
zweite Tochter streiten, mit dem zweiten Sohne und der ältesten Tochter. Da geschieht es, dass der älteste Sohn und die
zweite Tochter alle Bücher ihres Vaters nehmen und alle
Sachen, die er nach der Sitte der Weissen zu gebrauchen
pflegte. Sie nehmen alles dies, sie entfliehen damit, sie gehen
in das Dickicht des Waldes und lassen sich in seinen ver-
borgensten Winkeln nieder. Die älteste Tochter und der zweite
Sohn nehmen die Hacke und die Haue, und das Schneidemesser
und alles was zum Landbau gehört. Sie fliehen in das Dickicht
des Waldes, sie lassen sich dort nieder, sie zeugen Kinder, sie
bebauen den Boden, sie hauen den Wald weg, sie brennen ihn
nieder, und von dem Rauch werden sie schwarz; der älteste
Sohn und die zweite Tochter, auch sie zeugen Kinder, aber sie
bleiben weiss. So leben wir zusammen, Schwarze und Makara
(Weisse), beide von einem Vater und von einer Mutter. Abasi's
Atai hatte Recht, als sie zu ihrem Gemahl sprach: „Der Mensch,
auf Erden geboren, überhebt sich seiner Kraft, er glaubt der
allein Mächtige zu sein." Für einige Zeit hält Atai zurück,
aber wenn der Stolze nicht demüthig wird, so tödtet sie ihn;
sie schickt den Tod, und alle Menschen müssen sterben. So
spricht Atai: „Der Mensch soll nicht zu zahlreich werden auf
Erden, er muss nicht für immer leben, denn lebte er für immer,
würde er zu sehr sich mehren." So vergisst sie nicht, was sie
ihrem Gemahl versprochen; so ist es, wie Atai ihrem Gemahl
sagte. Sie will nicht, dass der Mensch für immer lebe, deshalb
lässt sie ihn sterben. Obwohl sie dem Menschen seine Nahrung
auf Erden giebt, so nimmt sie ihn später fort, denn wüssten die
Menschen nicht, dass sie sterben müssten, so würde Mancher
tiefer sinken als die Thiere des Waldes.

Die Geschichte der activen Völker beginnt gewöhnlich mit
der Erscheinung der Götter des Ackerbaues, welche die Künste
des Friedens lehren und heilige Ceremonien einrichten, in denen
ihre Verehrer durch den Genuss der gespendeten Früchte einen
mystischen Rapport mit ihnen unterhalten. Die mexikanische
Mythe kennt dagegen noch die frühe Zeit des Traumlebens,

„als (nach dem Ausdruck der Quiché-Traditionen) Schwarze und Weisse noch zusammen lebten, sich begnügten zum Himmel aufzublicken und das Gesetz des Schöpfers zu beobachten", oder wie es im Codex Chimalpopaca (bei Brasseur) heisst: „Dann begannen die Götter zu essen, und sie stockten uns Speisen in den Mund, damit wir Kräfte bekämen." Nach der buddhistischen Kosmogonie des Ssanang Ssetsen begannen die von der Ssamadhispeise genährten Wesen zu sinken, nachdem sie von dem süssen Schaum der Materie gekostet hatten, und sanken tiefer und tiefer, je gröbere Nahrung sie genossen, bis sie, nach der Bekanntschaft mit dem Hola und zu seinem Anbau gezwungen, zu Menschen wurden, und in dieser niedrigen Stellung fortleben mussten, ehe sie sich wieder zu reinigen vermochten. Die Bewohner von Bolotu waren dem Tode verfallen, nachdem sie irdische Nahrung auf Tonga gegessen hatten, und nach der persischen Lehre von den letzten Dingen (im Jamnep-name) werden in der Hazare des Sosiosch die Menschen immer weniger zu essen beginnen, bis sie zuletzt nur „himmlische Speise" zu sich nehmen und dann rein sein werden wie ein Spiegel. Die Saga von einer erst späteren Trennung der Weissen und Schwarzen, und dass den ersteren Künste und Wissenschaft, den letzteren der Ackerbau zufiel, findet sich auch in Akkrah und anderen Theilen der Goldküste, ebenso wie die Präexistenz der Seelen; das Verweilen derselben in der Stadt Abasi's erinnert an die rabbinische Vorstellung von dem Becher Guf, in dem schon vor der Schöpfung der Elohim die Seelen unter dem Thron der Herrlichkeit enthalten waren. Die Reise nach oben war den Rabbinen ebenfalls wohlbekannt, die mehrfach zu der himmlischen Synode aufstiegen, „wo (nach dem Berachoth) die Gerechten, mit Kronen auf den Häuptern sitzend, ihre Nahrung aus dem Glanz der Schechinah erhalten." Wenn man aus solchem Wortgepränge, das, je nach der Stimmung, als tiefsinnige Enthüllung oder als hohles Geschwätz aufgefasst werden mag, den psychologischen Kern herausschält, so wird man ihn gar wenig von dem Ideengang des „rohen Fetischanbeters" verschieden finden, und in dem bunten Spiel des Mannigfaltigen das organische Gesetz der Einheit erkennen, das wir in der elementaren Zelle studirt haben müssen, um es in den verschlungenen Gestaltungen des Urwaldes zu verstehen.

(1859.)

IV.

Für den geschichtlichen Ausdruck der äusseren Gestaltungen, welche die aus innerlich überall gleichartigen Bedürfnissen hervorgerufenen Cultushandlungen je nach den Umgebungsverhältnissen annehmen mögen, bietet sich ein lehrreiches Beobachtungsobject in Ceylon, der heiligen Insel des Buddhismus in der südlichen Form der Pali-Texte.

Auf den Conzilien Asoka's, der im III. Jahrhundert a. d. in diesem Glauben die Rolle des christlichen Kaisers Constantin spielt, wurden, wie nach den andern Nachbarländern, Missionäre auch nach Ceylon entsandt, und als dann einige Jahrhunderte später jene Katastrophe hereinbrach, die, wie es die Brahmanen rühmen, den Buddhismus austilgte auf Indien's Halbinsel vom Himalaja bis zum Cap Comorin, da fand, wie früher schon, die Lehre ihren Zufluchtsort auf dieser Insel, von wo dann wieder die Apostel auszogen, um die Königreiche Hinter-Indien's zu bekehren. Und in der That, jener Glaube, der sich in die Ruhe des Nirvana zu versenken sucht, hätte keine verlockendere Heimath wählen können, als die träumerisch duftberauschende

Atmosphäre der unter den Gewürzen nach dem Zimmt benannten Insel, die in der durch das feuchte Element ringsumwallenden Meeres gemilderten Sonnengluth des nahen Aequator's die vollste Fülle tropischer Pracht und Lieblichkeit entfaltet. Und in gleichen Reizen prangt seine Geschichte, denn in der mährchenhaften Zauberwelt, welche Indien's frühe Vorgeschichte umschleiert, blüht als mystisch leuchtende Wunderblume von Allem das heilige Lankadwipa oder Sinhadwipa, eben unser Ceylon.

Das glänzendste der indischen Epen, das in seinen stolzen Klängen mit der Ilias wetteifernde Ramayana, singt den Kampf um ein dortiges Troja, um Ravana's Burg (auf Ceylon), — um die Entführung einer Helena, dort Sita genannt, — und in seinen Liedern feiern sich die Heldenthaten des Sonnengeschlechts, feiert sich Rama, des Gottes Vischnu Awatara, auf der dem Meeresarme übergelegten Brücke hinüberschreitend zu der südlich fernen Insel, der entlegenen und äussersten, — als solche auch den Griechen, seit Alexander's Feldzug, bekannt geworden, unter dem Namen Taprobane (oder Tamrapanni.)

Dieses in den brahmanischen Heroensagen hervorstrahlende Meteor erlischt mit den Worten des Dichter's, der sie besungen, und die Geschichte Ceylon's verläuft für den historischen Boden im Buddhismus, und zwar sicherer und zuverlässigerer als irgend eine andere im ganzen Indien, da unter allen Ländern desselben, sich, neben Kaschmir, einzig und allein nur Ceylon einer methodisch geordneten Chronologie zu rühmen vermag, in seinen historischen Werken. Ebenso bildet es den Muttersitz buddhistischer Gelehrsamkeit für die puritanistischen Schulen im Hinayana, wo betreffs Reinheit der heiligen Schriften auf grössere Zuverlässigkeit gehofft ist, so dass die ernsten und erfolgreichen Forschungen eines tiefgelehrten Fachstudiums sich den ceylonischen Texten des Tipitaka zugewandt hat.

Die religiösen Verhältnisse, die sich bereits in Vorder-Indien aus der Beziehung der Volksgötter zu aristocratischer Trinität, und deren Verzweigungen (bis auf ihre Anfänge in den Vedas), etwas verwickelt gestalten, gewähren manche Einblicke dafür bei der Durchbildung, welche sie auf Ceylon angenommen haben. Die orthodoxe Religion bildet selbstverständlich der Buddhismus, auf dieser ihm emphatisch heiligen Insel, seinem Centralsitz gewissermassen für die Lehre der Pali-Bücher, und in den Traditionen haben schon die Buddhen früherer Weltepochen ihre Blicke nach diesem, für künftige Verkündigung ihres beseeligenden Wortes ausersehenen, Boden gerichtet, auf dem Gipfel von Adam's Pik erscheinend, und als Wyeya, der erste der arischen Ansiedler Ceylon's, an den Küsten landet, findet er sie in der Hut einer Gottheit, die von Buddha selbst für seinen Schutz beauftragt war. Und wie mit allen Naturschätzen gesegnet, ist deshalb dieses Inselkleinod auch reich an frommen Stiftungen, an Klöstern (oder Vihara) und Pagoden, allüberall und von jeher. Regelmässig werden die Feste eingehalten, in täglicher Speisung die Mönche gepflegt und von diesen dann wieder die heiligen Schriften studirt, — aber das Volk will mehr, und substantielleres meist, als die metaphorisch verfeinerte Geistesnahrung des indischen Weisen, der in selbstbeschauendem Quietismus seine Befriedigung findet.

Das Volk interessirt zunächst das Leid und die Qual des tagtäglichen Lebens, hier empfindet es Schmerz und Noth, und hier verlangt es Hülfe.

Der Buddhismus wird sie ihm kaum in befriedigender Weise gewähren können, denn es fehlt die Gottheit, an welche sich Gebete richten, in der Hoffnung auf Erhörung. Die Worte Buddha's sind weit erhaben über die Plackereien des alltäglichen Leben's, sie empfehlen hinzueilen zur Vernichtung des Selbst, um damit dann aller Leid und Qual für immer baar und ledig zu werden, aber für die besondere Leidensqual des Heute werden sie, zu trügerischer Linderung nur, keine Heilung kennen dürfen, (wenn consequent). Dem Volke aber, umgekehrt, ist daran eben gelegen, und so hat es sich die Hülfe anderswo gesucht, ausserhalb des Buddhismus, einmal in dem sogenannten Capuismus, einem an brahmanische Gottgestalten angeschlossen Cult der Dewalas, und dann in dem, was als Teufelstanz bezeichnet worden ist, in der Besessenheit der Yakko-duro an den Coviles.

In Folge des engen Zusammenhanges der Insel mit dem nahen Festland, dessen brahmanische Königreiche zu verschiedenen Zeiten, (bei den tamulischen Eroberungen), über Ceylon herrschten, haben sich dort manche brahmanische Einrichtungen bewahrt, wie in der theilweisen Fortdauer des Kastenwesen's[7]), das sonst in den Ländern des Buddhismus, als dem Sinne der von ihm angebahnten Reform widersprechend, mit dieser gefallen ist.

In Ceylon wird als die besonders hervortretende Kaste die der Guwanse[8]) genannt, die der Ackerbauer, — und (weil somit der reichen Gutsbesitzer), die aristoeratische, — eine Rangstufe, die sich (auch unter dem Namen der Vellala) mit der der Nillemakareija (oder Hirten) in die Wiessie-Wanse einschliesst, also der der Vaisya (die Kaufleute Indien's) entsprechend, mit der Kshoodra-Wanse (oder Sudra-Kaste) unter sich. Von den beiden oberen Kasten reducirt sich die der Brahmanen auf eine beschränkte Zahl von Familien, (zum Theil mit culturellen Functionen betraut) und ihr steht hier voran die (auf dem Continent seit Parasu-Rama auf den zweiten Grad reducirte) Xatriya-Kaste (der Krieger), der die königliche Dynastie angehört.

Die Priester der Dewalas (als Kapporale mit den Gehülfen Bitmorales und Basnaikerales) sind meistens der Guwanse-Kaste entnommen, wogegen für einige der vornehmeren Vertreter aus brahmanischer Göttergesellschaft noch ein ächter Brahmane als erforderlich erachtet wird, um den Kultus, lege artis, zu versehen, wie bei dem Tempel Kattragamma's für Kartikeya (Kandi-Kumara) u. s. w.

Der Kapporale, der, — weil kein erbliches Amt (wie ein geborner Brahmane) übend, — für seinen Nachfolger auf die im (gottgesandten) Traume erhaltenen Weisungen hingewiesen ist, hat den durchgängig gleichartigen Aufgaben des Kultus zu genügen, einmal seinen Gott durch Opfergaben in guter Stimmung zu erhalten (und so vielleicht zur Gewährung solcher Wohlthaten, die in seiner Macht stehen, zu bewegen), und dann seine Unterstützung zu beanspruchen, zur Bekämpfung feindlicher Widersacher, wofür sich im Dewala die heiligen Waffen aufgehängt finden, wie im thebanischen Tempel des Herakles einst und in dem des Kriegsgottes Hatshiman zu Kumakura noch jetzt (auch in den Kakiroba-Häusern

Sahus, s. Indonesien, Lf. I, S. 2, u. s. w.). Erweist es sich im letztern Falle, dass der Θεὸς ἀποτρόπαιος seine Pflicht nicht erfüllen kann, weil der Gegner ihm zu stark ist, — dieser Widersacher aus der schwarzen Hälfte der Natur, dem, (dem Reich der Götter gegenüberstehenden) Reich des Teufels, — so muss die Hülfe in diesem letztern selbst gesucht werden, auf freilich derartig gefährlichen Wegen, dass die Mehrzahl der gut situirten Kapporales sich mit solch' verdächtigen Operationen lieber nicht befasst, sondern dieselbe den Yakko-duro's [99]) überlässt, die an den Coviles, durch Einfahren der Dämone, ihre Begeisterung sich zu schaffen wissen.

Indess hat sich auch dieses, unter der weit umfassenden Toleranz des Buddhismus, in verhältnissmässig annehmbarer Weise geregelt, als in der Religion monotheistisch eifersüchtigem Gotte, die ihr Widerspiel einfach in die Verdammniss verweisen und somit also auch Jeden, der sich in dem Homagium eines Teufelsbundes mit ihm zu befassen wagen sollte.

Der Buddhismus hat nicht nur die Gesammtheit der brahmanischen Götter in sich aufgenommen und ihnen in den verschiedenen Terrassen seines Weltsystems bequeme Wohnsitze angewiesen (einzig auf die Bedingung ihres eine Stufe tieferen Herabtretens vor Buddha selbst), sondern es lagen sogar keinerlei Schwierigkeiten vor, auch mit den feindlich bösen Mächten allerlei Abkommen [100]) zu treffen, gemäss welcher diejenigen ihrer Potentaten, die am Hören der Erlösungslehre Theil zu haben wünschten, sich bereit fanden, zum Schutz der Heiligen einzutreten, und nun nachdem sie Buddha gehuldigt [101]), in seinem Auftrage gleichsam, viele der Teufel gegen ihre eigenen Gesellen zum Kampf aussenden.

Dadurch wird den Bodhisatwa die Unannehmlichkeit gespart, in den furchtbaren Wandlungen zu erscheinen, unter welchen diese frommen Mönche sich in fratzenhafte Schousalo u. drgl. zu entstellen haben, da man in Tibet es nicht verstanden zu haben scheint, diese in Ceylon so umsichtig durchgeführte Massregel zu treffen.

Hier würde nun, da jede Krankheit z. B. je nach der Ursache eine besondere Kur verlangt, sich dabei folgende Ueberlegungen stellen (von directer Application an Arzeneien abgesehen).

Ist der verwundende Pfeil zur Strafe abgesandt, von einem gerecht rächenden Gotte, sind diejenigen Sühnen darzubringen, die sich aus dem Ritual des Dewala als die dafür angesetzten erweisen.

Ist dabei seitens des Gottes etwas Bosheit im Spiel oder die Rache eines feindlichen Gottes, eines nach Seite der Teufel schon überneigenden (oder eines Teufels vielleicht in Menschengestalt), so wird dagegen der Gott, mit dessen Dienst die Kapurale vertraut ist, von ihm ersucht werden können, hier eingreifen zu wollen, um die Störung wieder in Ordnung zu bringen (und prophylaktisch ferner vorzubeugen).

Geschieht dieses nun nicht, dann wäre eben aus der weissen Magie der Theurgie in die schwarze der Götter überzutreten, in all das Gewirr der Teufelstänze und was dazu gehört, ausgenommen, wenn etwa, wie gleichfalls möglich, das Körperleiden des Patienten auf planetarische Causalitäten zurückgreift, auf das Verwachsen der Wurzeln seines Daseins mit erstem Ursprunge, die sich siderisch (bis durch Fixsternwelte) verzweigen. Dies wird sich leicht feststellen lassen, wenn die Eltern in geziemender Weise darauf bedacht gewesen sind, dem Kinde sogleich bei der Geburt sein Horoskop stellen zu lassen, von einem zuverlässigen Sachverständigen, der nun die weiteren Goschicke (in der, wie überall, auch in Europa — bis über Tycho de Brahe hinaus — bekannten Weise) ohne Schwierigkeiten herausrechnen wird, und zugleich im Stande sein, die Abhülfen anzuzeigen im Ritual des Balia (Bali-Arinnawa [102]) or planet-worship). Es bedarf dafür einer Kenntniss der Grahas oder (9) Planeten, nebst der 11 Rasis des Zodiakus und 27 Nekatas oder Mondhäuser, sowie was sonst kalendarisch zwischenfällt.

Der Kult der Dewala begründet sich besonders auf dem der vier Pattinih-Gottheiten [103]), die sich unbedingt dem Buddhismus unterworfen haben, während andere aus den ursprünglichen Eingeborenen, aus den Nachkommen der von Wyeya betrogenen Yakkini (Kuwani), noch ungesühnt und unbefriedigt geblieben, mit den jetzigen Herren, den Räubern ihres Besitzes, vorläufig kein Compromiss haben eingehen wollen, und deshalb als Zorngeister nun noch die Luft durchschweben.

Gegen diese Unverträglichen hat man sich also an anderen Mitgesellen, die Ueberredungen und Bestechungen zugänglich waren, Bundesgenossen zu schaffen gesucht, wie dies auch bereits im regelrechten Dogma des Buddhismus bekannt war, wenn z. B. unter dem Chatummaharaja der Fürst des Nordens Walsrawana mit seinen Asuren (oder Yaks) die eigenen Landsleute bekämpft, die (seit durch Maga, in einem Augenblick unbedachter Trinkensfreude, aus dem Himmelstempel geworfen), sich jetzt am Fuss des Wunderbaumes abhärmen und Pläne schmieden für Wiedererhaltung ihres angestammten Eigenthums.

Dieser gegen die Asuren unter Wassawarty-raja (in Trikutu) vorkämpfenden Thorwächter des Sakra's Palasts gilt für Wibeshana [104]) (mit seinem Tempel in Calany), den Bruder Ravana's, der für seinen Abfall von Rama nach dem Siege an Königsstatt eingesetzt wurde, und seitdem sind noch andere Condottieri in Eid und Pflicht genommen, wie Suthagiria, der Fürst der Dämone in Yungandhara (mit dem nach der Insel Giri versetzten Yakkha), Samandewa mit seinen (unter den Chaturmaharaja von Wirudha befehligten) Kumbandas, den Buddha durch seine Haarlocke einstens für sich gewonnen (überher als Iwara geschmeichelt), und ausserdem war auch die Insel bereits Viswakarma's Schutz (auf Berg Waykuto) anvertraut, wie dem Vishnu's, als Uppulwanno, durch Sakko (im Auftrage Buddha's) [105]).

Mit Pattineh ist es nicht ganz so einfach abgegangen, da sie noch hinüberschillert nach Kaveni, der beleidigte Yakkhini, die mit ihren Kindern (dem Sohn Iiwabatto und der Tochter Disala) der Nachkommenschaft Wisayo's unversöhnliche Rache geschworen hat. Man hat sie indess, bei der brahmanisch zur Verfügung stehenden Auswahl, einer Identifizirung mit Durga übertragen, der schrecklichen Wandlung Uma's (aus Siva's, des Lingamlosen, Harem), und mit ihr dürfte ebensowenig zu spassen sei, wie mit Kandi-Kumara, dem Sechsköpfigen, dem als Kartikeya, (bei dessen Tempeldienst zu Katregam) man deshalb auch unter allen schuldigen Ehren einen Brahmanen reiner Rasse engagirt hat.

So weit geht Alles ziemlich in Ordnung, wenn

nur nicht die Krankheitsteufel dazwischen führen, der Dämon Huniyan-yakseya mit schiefem Gesicht und Mundverzerrungen, Riry-yaksoya in Blutflüssen, Mahakah-Kumara schwindlig im Erbrechen, Ayimaha-yaksoya, aufgeschwollen, Amu-saban mit seinen Fiebern, die rothäugigen Dämone der Pest aus der Sippschaft Sohon Poln's, die auf Begräbnissplätzen Leichen frisst, und Andere mehr solcher Zucht oder Unzucht [104]). Doch ist man auch hier nicht ganz rathlos, denn die durch des Vedda's Fluch verursachte Tigerkrankheit z. B. unter der Regierung Königs Panduwasa wurde durch den Cohombu-Yaka-Tanz geheilt, und so mögen den Singhalesen noch mehr Panaceen gewünscht werden, oder besser noch: beste Gesundheit.

Die genauere Regulirung der von dem Deitti (oder Yaksinkes, wie Veddahs) gefolgten Verehrung der Dämone (the Nat presiding over the woods and mountains) wird berichtet unter König Panduwasa (600 a. D.), Sirisangabo (239 p. D.), Bojas (340 p. D.) u. s. w. Doch gab es auch Opposition, wie.der Prophet Abudha-Deiyo's, zu Ehren seines »god without name«, die Dewalas der anderen Götter zerstören liess (zu Knox's Zeit).

Die Procession Perra-Herra wurde eingeführt, als König Gojabahu die im Kriege mit Soli geraubten Reliquien (darunter Patineh's Halamba oder Armband) siegreich zurückgebracht hatte, und wurde gefeiert zu Ehren Vata's, Vishnu's, Kattiagamma's und Patineh's, bis dann, auf Vorstellung siamesischer Mönche am Hofe (1775 p. D.) auch die Dalada-Reliquie (in Buddha's Zahn) mit umhergeführt wurde (um das heidnische Element zu neutralisiren).

Daran schliessen sich dann die aus religiösen

Schauspielen später (wie anderswo ebenfalls) in das Dramatische übergehende Maskeraden (sixteen different performances of the masquerade kind), und darunter waren z. B. die Masken zum Spiel des Kolan Vattannawa auf Veranlassung Sekraia's selbst, des Götterkönigs, angefertigt (aus seiner Zuneigung für Königinn Piliat). s. Masken und Maskerein (Ztschr. f. Völkerspr., 2, XIV).

Anmerkungen.

1) The king (Oga) is but the chief of a dozen or more aged patriarchs, who really are governing the country (in Southern Guinea), the voice of the people is heard on all occasions of importance (s. Wilson). Der Titel Edidem (king or monarch) „is not applied (in Kalabar) to any one of their own chiefs (abön), who have no such absolute power, except over their own houshold" (s. Goldie).

2) Im Vermögensunterschied erfolgt der erste Durchbruch des bisher gleichartigen Niveaus (s. Allg. Grdz. d. Ethnlg. B. 48).

3) Eyo frequently told me, that he was not king in our sense of the word and had no power, such as was attributed to him by white people, in country affairs (s. Waddell). Corrantyrn bei Annamabö, „welchen die Franzosen öftern einen Kayser auf der Küste Guinea's genannt haben" (s. Römer), findet sein Echo in portugiesischer Titelverschwendung zu Congo.

4) King Calabar (the nearest approach to a Pontifex maximus) has charge of the Ndem Efik or great Calabar Juju (s. Waddell).

5) Dtsch. Exp. a. d. Lngkst. I, S.

6) Egbo (am Alt-Calabar) cannot be compared to any Institution familiar to European mind, but to that of Freemasory (s. Hutchinson), mit besonderen Griffen und Zeichen, wie three marks of yellow powder on forehead and arms (als die des Yampay-Egbo). Die Mitgliederzahl des Auswürcke genannten Egbo (in Omon) ist auf sieben fixirt (s. Goldie). Zum Zeichen des Purrah-Bundes werden zwei Parallel-Streifen auftättowirt (bei der Weihe).

7) Dtsch. Exp. a. d. Lngkst. I.

8) Il n'y a presque point de village qui n'ait un petit bois ou les principaux vont faire leurs sacrifices, soit pour le commun soit pour eux en particulier; ils tiennent ces bois pour sacres et il y a des défenses très-expresses de les polluer ou de les endommager, en coupant quelque branche d'arbre; outre la peine attachée à cette défense, ceux qui la violent attirent sur eux une malédiction universelle (an der Goldküste).

9) A numbre of young fremen, called Inkas, pervade the passages at night (um Ordnung zu halten) am Alt-Calabar (s. Hutchinson). The Idem of each class of Egbo has his own insignia (s. Goldie). Kongolo is the Duwalla name for the Egbo order in Kameroons. A person, entitled Gombla, represents the Abiadiong character of Old Calabar; and the poison which is administered as a capital punishment is the root of a tree and is called Qua (s. Hutchinson).

10) *δοῦλος μηδεὶς* liessen die Athener zu, *τὴν ἐπὶ ταῖς σεμναῖς θεαῖς πομπὴν ὅταν στέλλωσι* (bei dem von den Hesychiden besorgten Cult der Erinnyen). Die Heloten wurden durch die Schrecken alljährlicher *κρυπτεία* in Abhängigkeit gehalten (in Sparta).

11) Fetishes are set up to punish offenders in certain cases, where there is an intention to make a law specially binding (in Southern-Guinea), s. Besuch in San Salvador, S. 293.

12) Geogr. u. Ethnlg. Bilder, S. 210.

13) Der König von Anlo (von Adanmo durch den Amu-Fluss oder Volta getrennt) darf nicht gesehen werden (s. Schlegel.)

14) Das „cyklische Fest" jedes Gottes wurde zur Zeit seines Erscheinens in der materiellen Natur gefeiert (s. Forchhammer) am Geburtstage (wiederkehrender Epiphanien), im heiligen Jahr, verkörpert durch einen Kreis allegorischer Handlungen (s. Creuzer), nach feriarum festorumque dierum ratio (b. Cicero) im Jahr (als *ἐνιαυτός*).

15) „Ist es kalt oder haben sie öfteren Regen oder Blitzen, so schreit das Volk, dem Ofnon fehle Etwas, und es wird sogleich eine Collecte für ihn gesammelt, dazu jeder Etwas nach dem Vermögen beiträgt" (bei den Issiniern), als dem „Einigen Priester" (von dem durch den König berufenen Brembis oder Babumets erwählt, und) auf öffentliche Kosten unterhalten (s. Loyer).

16) Numa verrichtete die gottesdienstlichen Geschäfte des Flamen Dialis (für Jupiter), übertrug sie aber, den Fall kriege-

rischer Könige vorherrschend, einem besonderen Priester (s. Livius).

17) Der König der Eyeos besiegte, bei Uebersendung der Papageienfeder (zum Todesschlummer), den Regent bei Ochenoo (1774), und ähnlich stand es mit dem König von Akim (und Ibuh).

18) Innerhalb der Κῠνοσρίδαι, γεωργοί (ἐπιγευμέροι) und δημιουργοί umfassten die vier Phylen (Αἰγικορεῖς, Ἀργάδεις, Ὁπλῆτες und Τελέοντες) die (Trittyen der drei) Phylen, jede mit 30 Geschlechtern (der Genneten), mit den ἄνδρες als ὀμογάλακτες und (nach der religiösen Genossenschaft) ὀργιῶντες, (gleich einem indianischen Medu). Wie in Rom, verloren sich in Athen's politischem Leben rasch die letzten Nachwirkungen ursprünglicher Stammesverfassung (mit topographischer Fixirung der Demen). The Ahanta class themselves in their tribes without any regard to national distinction (s. Bowditch), gleich den Irokesen im Fünfbund (bei den bedingend durchgehenden Totem). Wenn (an der Goldküste) verschiedene Nachbarn unweit von einander an einer von der übrigen Stadt abgesonderten Ort anbauen, so erwählen sie sich einen Fetisch, dem sie für ihre gemeinschaftliche Erhaltung opfern und zu ihm beten (s. Artus), als Orgeones in religiöser Genossenschaft (indianischer Meda). Unter den attischen Demen schlossen sich Nachbarorte von ähnlichen Machtverhältnissen (s. Gilbert) um einen gemeinsamen Mittelpunkt zu einem Culturverbande ab (wie Τρίκωμοι, Κυνοσίδαι, Τετράκωμοι, Τετράπολις).

19) Das als Orkibroni die politischen Angelegenheiten leitende, als Orleibon die Functionen des Regenmachens übende Oberhaupt wird, wenn dreimal im Kriege besiegt, abgesetzt. (b. Marna). Der Abialbökedim bringt und hindert Regen (am Kalabar).

20) La constitution d'un culte national est la transition qui mène à la transformation du fétichisme au polytheisme (s. de Rialle).

21) Das Amt des Königs in Kalabar (als Ndem Efik) war in Misskredit gerathen und seine Einnahmen sind so gering, dass nur ein heruntergekommener Edelmann bewogen werden kann, die Ehre anzunehmen. Ein armer, kleiner, alter Mann, der sein Essen oft als Almosen im Missionshause empfing, war zur Zeit von der wir berichten, dieser Wördenträger. Doch mit jenem, Dünkel genannten, Sinn für das, was seiner Person und seinem Amt zukam, wie man leicht bei allen Beamten, schwarzen

Bastian, Der Fetisch. 8

— 114 —

and weissen, findet, wollte er es nicht im Missionshause verzehren, sondern trug es fort und ass es, einsam würdevoll, vor seinem Idol. (*Waddell*.)

22) Bei Darbringung von Opfern konnte sich der Hausvater auch aus den μάντεις einen Gehülfen wählen, aber bei der politisch festen Begründung des Cultus trat der Einfluss der im Tempel fungirenden ἱερεῖς dominirend hervor. Der ἱερομνήμων beaufsichtigte, als gottesdienstlicher Beamter (s. Herrmann) den Cultus (auch in Beziehung zur Amphiktyonen-Versammlung) mit ἱερανόμοι (und ἱεροποιοί).

23) προφήτης ὁ χρώμενος τῇ χρησμολογικῇ (s. Poll.). Gleich den apollinischen Orakeln fand sich das des Bacchus bei den Satrai mit den Βησσοί, als οἱ προφητεύοντες τοῦ ἱεροῦ (und Pan's Orakel bei Lykorcia). The most celebrated place for oracles is near the bank of the river Cavally a little westwards of Cape Palmas (für die Kru). An der Goldküste war das Orakel des Braffu weithin berühmt und für Kathschläge gesucht.

24) οἱ δὲ ἡγεμόνες τῶν δυχνίων μάντις ἦσαν ἥρωες, οἱ δὲ λοιποὶ ἄνθρωποι (s. Aristotel.).

25) Neben den θεοὶ πατρῷοι (der Geschlechter) bildeten die πάτριοι „alle gesetzlich recipirten Götter" (s. Herrmann), und dem gegenüber fallen τελεταὶ ἴδιαι (der Mantels) unter ἀσέβεια (b. Plato). Der ἀσεβής wird verfolgt, weil gegen das Heilige verstossend (ἀσεβείας γραφή), das Eigenthum der Götter steht unter dem Hiereus (wie bei sacer unter sacerdos). In Polynesien wird der Kikino geächtet (als Brecher des Tabu).

26) Das Priestergeschlecht der Eteobutaden (für Athene Polias) war erblich, wie für Demeter das der Eumolpiden (und Keryken). Numa ernannte vier Pontificen aus den Stämmen der Rammes und Titles „sacris communicatia" (s. Cicero), und dann trat der Pontifex maximus hinzu (als fünfter), wobei sich die Macht durch Vereinigung steigerte (wie im indianischen Geheimorden der Meda). In den priesterlichen Functionen der spartanischen Könige standen die Πύθιοι zur Seite (für den Verkehr mit Delphi). Womolo, a person taking hold of or being possessed by a fetish (mola, catching), Wan onofo Fetish priest, ἱερεύς ὁ τὰς θυσίας ἀνατέμνων τῷ θεῷ, (neben den hehern der μαντική).

27) Mit dem Flamen Dialis besorgte die Flaminica die Opferdienste (in der Flaminica). Neben dem Archon Basileus opferte die Basilissa (in Athen) in der στοᾷ βασιλέως (mit den ἐπιμελητοὺ τῶν μυστηρίων). Der Dienst des Flamens war nur einer einzigen

Gottheit geweiht. Der Flamen dialis musste Mehl, Sauerteig, Bohnen, Ziegen, rohes Fleisch vermeiden und durfte keinen Weg gehen, über den an den Bäumen befestigte Weinstöcke herabhingen, (und solche für den König verbotene Fetischwege treffen sich viele in Afrika). „The principal wife of King Calabar" führt den Titel Atai-Abasi (s. Goldie), also einen heiligen, und vor dem Amtsantritt des „King Calabar" folgt sich ein (reinigendes) Fest (Unkrit eines Abasi).

28) Der Tohunga ist Erklärer (Hunga) der Zeichen (Tohu) bei Maori (als Priester).

29) ἴσως, ἐν ᾧ φασι τὸν τῆς αὐτῶν μαντικῆς τρίποδα εἶναι οἱ ταύτα δυνοὶ (s. Philostr.).

30) Omnium quae videre sibi dormientes videntur, quinque sunt, von Vorbedeutungskraft, als ὄνειρος, ὅραμα, χρηματισμός, dann ἐνύπνιον, φάντασμα (s. Macrob.). Καὶ γάρ τ' ὄναρ ἐκ Διός ἐστιν (Homer). In der παραμαντεία oder ψυχοπομπεία (der Traum- und Todten-Orakel), dreigetas dūlavcal agiov ἡ ψυχή (im Ino- heiligthum).

31) Der Buschmann ist (in Akwapim) „ein im entferntesten Dickicht des Waldes lebendes Wesen, das den Menschen, besonders den Priestern, feindselig ist, mit den Zauberern dagegen in freundschaftlichem Verkehr steht." (s. Riis.)

32) Wenn das Fetisweib (zur Beantwortung der Fragen) in die Hütte kriecht, liegt der an der Glocke herabhängende Faden auf ihren Rücken (s. Ursue) und „wenn der Fetis erschienen, wird die Glocke geläutet". (b. Roemer.) Die ὑποφῆται hatten die Orakelsprüche nach den Opfern auszulegen (in Athen). In Judah (Whydah) wurde Agoya (dieu des conseils) befragt, (zu Des Marchais' Zeit).

33) Jejunavi atque abibi cyceonem, ex cista sumpsi et in calathum misi, accepi rursus et in cistulam transtuli (s. Arnob.) bei den Mysterien (als συνθήματα oder Erkenntnissformeln.

34) ὅσα γάρ ἂν λέγωσι Πυθαγορικοί, φυσιογνωμονικοί, ἀστραγαλομάντεις, τυρομάντεις, γυρομάντεις, κοσκινομάντεις, μορφοσκόποι, χειροσκόποι, λεκανομάντεις, νεκυομάντεις, ψευδῆ πάντα. (s. Artemed.) Magier („vulgo"), qui providentiam mundi curiosius vestigant et imperatius deos celebrant. (s. Apulej.)

35) Infulae (vittae) der taeniae (mit στρόφιοις verbunden), dienten beim Cult des Bittstellers, mit einem Zweig in der Hand (mit geknoteten und gegliederten Wollenbändern umwunden), mollium velamenta lanarum (s. Plinius). Der Beschwörer (Haucher der Knoten) knüpft die Nestel (b. Arabier). The

possession of certain articles in the secret arcanum of the Gushke-pi-ta-gun or medicine sac, armed the individual with a new power and this power was even greatest, when the possession of the articles was secret (bei den Algonkin).

36) φαρμακεία μὲν γὰρ κύριος ἡ διὰ θηλητηρίου τινὸς γενομένη φαρμάκου, γοητεία δὲ ἡ ἀπὸ ἐπικλήσεώς τι καὶ ἐπαοιδῆς (s. Ammon.), im Gegensatz der Pharmakeia und Goeteia (Theurgie und sonstiger Magik). Im Gegensatz zur μαγεία (ἐπίκλησις δαιμόνων ἀγαθοποιῶν) γοητεία δὲ ἐπὶ τῷ ἐνάγειν νεκρῶν (s. Suidas), und so weiter, im Schachspiel schwarzer und weisser Magie. (s. Mensch in der Geschichte II, S. 98.)

37) Medacka (Amulets) dienen als charms for preventing or curing disease or for protection against necromancy (b. d. Indianern).

37a) The terms by which the medicine-men are known among the Dakotas, suggest both their character and occupation. They are these: Wica-xta Wakan (Wee-chash-tah Wah-kon) and Taku Wakan ihanonampi (Tah-koo Wah-kon e ham-nau-pe). The former term signifies mysterious, supernatural, or god-men; and the latter, mysterious, supernatural, or god-dreamers — inspired by the gods (they may be divided into two great classes, namely, Zuya Wakan and Wapiya, the former signifying War-prophet, and the latter, Renovator, (or Restorer).

38) Mawu (b. Eweer) bezeichnet den von Niemand und durch Nichts zu Uebertreffenden. (s. Schlegel.)

39) Aus der Vereinigung der elementaren Aetherwellen gehen die resultirenden, nach dem Mittelpunkt der Erde gerichteten Gravitationswellen hervor, welche ihrerseits bei ihrer concentrischen Fortpflanzung auf die einzelnen Körper treffen. (s. Dellingshaus.)

40) Neben Dieu et le diable (in Benin), Ils prennent aussi pour dieu tout ce que la nature produit d'extraordinaire (s. Nyendaal) in objectiver Fetischwerdung, oder subjectiver. (s. Mensch in der Geschichte I, S. 184.)

41) Die Obosom sind von Nyankupong oder Onjamä erschaffen, während das Böse durch Abonsam im Geisterreich, und durch Sasabonsom (als Erdteufel), repräsentirt wird (bei den Odschi).

42) Unter Mawu's (des Alles Ueberwindenden) Göttern gilt Dsi (der Himmel) als Regenspender, der Blitz (Nebreso) und Donner (Agtul) als Vollstrecker der göttlichen Gerichte. Nyongma wird als Onukpa (höchster) verehrt (in Abokobi).

43) Gott (Nyeama oder Mawu) hat die Regierung der Welt den wodsi (won) übergeben, (heaven, earth, sea, rivers, trees etc.), demons, good and bad, male and female. They are either common to all (earth, sea) or to a part of men (rivers et), to a tribe, a town, a family, a single person (possessing and possessed). Besides there are innumerable things holy to or belonging to, or made effectual by a fetish, as cords (wonkpai), to be tied about the body or the house etc. (s. Zimmermann.)

44) Neben Jangu-Man (guter Mann) fand sich (an der Goldküste) der „schwarze Gott" (Demonio oder Diabro). Der Kriegsgott Nyikpla (zu Pferde die Wolken durchreitend) erscheint in den Sternschnuppen (b. d. Eweern). Im Yame oder Chocheme (Luftraum) waltet (über die feindlichen bösen Geister, gegen welche Talismane schützen) Abosam. (b. d. Eweern.) Mawu führt die Menschen nach Edsie (Todtenreich). Nach den Mangandscha kommt Gutes von Mpambo, Böses von den Miiti (oder Mafiti).

45) Idem (Solf) a superhuman being, inhabiting wood and waters (am Alt Calabar).

46) The most prominent characteristic of the Dakota deities, is that which they express by the word Wakan. This word signifies generally, any thing which a Dakota cannot comprehend. Whatever is wonderful mysterious, superhuman, or supernatural, is wakan. The generic name for gods is Tahuwakan, i. e. that which is wakan. The Dakota, therefore, sees a god in every thing; to use an expression of one of their most intelligent men, „There is nothing which they do not revere as God". The chief, and, perhaps, the only difference that exists among the ten thousands of the divinities of the Dakotas, is, that some are wakan to a greater, and others to a lesser degree; some for one purpose, and some for another; but wakan expresses the chief quality of them all, the only quality, I believe, which the Indians deify. (s. Schoolcraft.)

47) El yemba, espiritu encarnado, puede originarse por convenio entre un fetichero o cualquier hombre de la tribu con otro espiritu (zum Krankmachen) in Corisco (s. Bulfy). The Escro-Nuss wird zur Entscheidung gebraucht bei dem Geheim-Ceremonial („freo-masson"), Ifod (in Alt-Calabar). Neben dem „chop-nut test" sind (in Alt-Calabar) acht Arten von Aflas (ordeals) im Gebrauch (sowie der Eid des Mblam). Ueber den Kabere (Fetischstecken) werden Verwünschungen gesprochen (in Akwapim). Die Amagai (oder Idole) werden zur Weihe mit

dem Tung, genannt Stäbchen, berührt (in Guinea). Man vindt etlich Zauberin die machent pild und staman von warhs und andere dingen, als machen die zu etlichen stunden und nemen etlichen kund und unkund namen, und henken das in die Luft und so der wind das rürt so mainen si das der mensch in des namen es gemacht ist, der sol kein rue haben. (s. Hartlieb.) Neben den Abladlong (sorcerer) fungirt der Abia-bük (doctor of medicine) bei Krankheiten (im Alt-Kalabar). Nachdem ein Dilemma einmal gestellt ist, wirkt konsequenterweise die Gedankenarbeit weiter. Wenn die Probe nicht bestanden, wäre es „thöricht einem Gott zu dienen (s. Joinville), der schläft" (nach dem Fall Caesarea's und Asufs), und die in Christi Namen sammelnden Bettelmönche wurden (1251 p. d.) abgewiesen, mit Almosen an Arme, zu Ehren Mahomed's, der mächtiger, als Christus. Dann folgt die Verleugnung des Kreuzes (nach der dem Augusthner-Eremiten-Mönch Julian abgelegten Beichte), unter Bespeiung — spuit super crucem mantelli ter (Theodatus Jefet, frater serviens) — bei den Templern (trotz päpstlicher Begünstigungen).

48) Wong erklärt sich als Hüter oder Wächter (nach Steinhauser).

48a) Les montagnes les plus hautes et sur les quelles on sçait que le tonnerre a tombé plusieurs fois gulten (an der Goldküste) „comme la demeure de leurs fetiches" (s. Des Marchais).

49) Das Gebet (der Griechen) ist mit dem Versprechen einer Gabe auf den Fall der Erhörung begleitet, welche deshalb auch εὐχή heisst und ein förmliches Rechtsverhältnis zwischen der Gottheit und dem Menschen begründet, dessen Verletzung schwere Strafen nach sich zieht. (s. Herrmann.) Est enim pietas justitia adversum deos (b. Cicero).

50) „Ueber die Etymologie dieses Wortes lässt sich kaum etwas Zuverlässiges ermitteln, so wenig wie in Beziehung auf die von Nyame" (s. Riis). Nyonmo (without Plural-form), God (s. Zimmermann), my great friend (in Ashanti), wie Yeani: my maker (s. Wilson), im Geyl als Nyiswa (bei Grebo). „Die Meisten (in Fetu) „wissen zu sagen, dass ein allmächtiger Schöpffer Himmel's und der Erden, welchen sie Jan Commé oder Jan Compo, das ist einen vornehmen Mann nennen, seyn müsse, welcher uns Blanquen, Fillios de Deos von ihnen in Portugiesischer Sprache genandt, alle Gut- und Wolthaten, insonderheit niedliche Speiss und Tranck, gute Kleider und Schuh, kostbahre Wahren zu verkauffen ertheile." (W. J. Müller.)

51) Die Grundvoraussetzung eines Glaubens an Gott ist der unbewusste Wunsch, selbst Gott zu sein (s. Feuerbach), eben des Willen's Wunsch zu können, was er will, ohne es zu können, unter menschlicher Beschränkung.

52) Sacer bezeichnet jeden Gegenstand, der unter öffentlicher Autorität mit Zuziehung der Pontificen den Göttern geweiht ist, durch die Dedicatio (und Nachsprechen der Formel in „votis nuncupandis") ἱερώσανα (ἱερωσάυνα) τὰ τοῖς θεοῖς ἱδρυόμενα μέρη. Das polynesische Tabu schließt zwischen dem göttlichen und menschlichen Eigenthum. Das ἱερὸν wird dem ὅσιον (im Unterschied von δίκαιον) gegenübergestellt, wie in diesem ἴδιᾳ καὶ δημόσια (b. Plato): τά τε ἱερὰ καὶ τὰ ἴδια ἐν ὁμοίῳ ἐποίετο (b. Herod.).

53) s. Besuch in San Salvador S.

54) Wenn Plato der Seele eine dreigetheilte Gestalt verleiht, und einen Theil in der Leber, den andern in der Brust und den dritten in das Haupt verlegt, so steht er mit dieser Anschauung noch den primitiven Darstellungen nahe, wie sie die Naturvölker ausbildeten (s. Caspari). Die Chatura-Bhut (der Siamesen) stecken in den vier Gross-Zehen und beginnen ihren Wettlauf (vom Scheiterhaufen ab).

55) Γενεθλίς (der Γενεθλίδες oder Geburtsgöttinnen) ἱερὰ τῶν γυναικῶν (s. Hesych.) βασιλέως γενέσια ἅπασα θύει καὶ ἑορτάζει ἡ Ἀσία (s. Plato), γενέθλια ὅσιον (γενέσια) den γενέθλιοι θεοί (πατρογένειοι). Chaque personne, soit homme ou femme, a son idole particulière, à qui ils consacrent le jour de la semaine dans lequel ils sont nez, ils appellent ce jour la Bossum. (s. Bosman.)

56) Die Wolomo genannten Priester schlafen mit dem Fetisch (in der Incubation des Tempeltraums).

57) Da III, dim shadow or shade, Idalli, als ghost oder Soul (dokidalli) b. Hidatsa (s. Mathews).

58) Ukpön (the shadow) the soul of a man (may come out of the body and visit different places); an animal, with the existence of which the life of the individual is bound up (b. d. Efik). If the Ukpön gets sick or dies, so does the individual, whose ukpön it is, and the ukpön is correspondingly affected by the individual; many individuals have the power of metamorphosing themselves into their ukpön (s. Goldie), und so der Wehrwolf im Ueberlebsel (aus ethnischer Psychologie).

59) Die als Noli eingehende (und zurückkehrende) Seele (Iuwo oder Schatten) trennt sich als Aklama (kla, abscheiden),

und ausserdem besitzt der Mensch einen Schutzgeist in seinem individuellen Edro (bei Eweer).

60) As soon as a woman is with child, she goes to a fetish-priest (wontse or okomfo) ond asks the kla of her child, which is called by the priest (in Akra). In life the kla is considered partly as the soul or spirit of a person (susuma), partly as a being apart of and without him, who protects him, gives him good or bad advices (gbesi). Every person is moreover supposed to have two kla, a male ad a female, the former being of a bad, the latter of a good disposition (kla). After death the kla becomes sisa (s. Zimmermann). Unter dem fliessenden Wechsel der Körper überdauert in der Seele τὸ τελευταῖον ὕφασμα (b. Plato).

61) Die Neugeborenen oder He-potiki, als Tiki's Geschenk aus Po (bei den Maori), heissen (in Samoa) Götterkoth, (weil nach dem Fressen der Seele durch den Atua wiedergeboren).

61a) Sisi, ähnlich sein (in Akwapim), wie ein Kind dem Vater (s. Kila), und dafür kann in Convaden nachgeholfen werden (in jedem der Kontinente).

62) Sisa (squeleton) spirit of departed men.

Susuma, shade (soul).
Mumo, breath (spirit).
Gbesi, the inward voice (bei Odschi).
Gbe: Stimme; Dsi: Herz (bei Eweer).
Cucu, als Jägergespenst (an der Goldküste).
Ku, Tod.
Ko, Licht.
Ko-ko, heilig.
Nyonmo, heaven.
Nyonmo-hie, face of heaven (god).
Abonsam oder (in Adanme) Abusam, the devil.(a bad person).
Saman (ein Knochengerippe) erscheint als Gespenst (bei den Odschi). Asaman (saman) ghost (in Akra). Gbohiadse or world of the dead (situated on the Islands of and beyond the River Volta) unter Asamanukpa (head ghost) unter den Chimpanse (living on the Islands of the river Volta, where the sisal or ghosts are said to have their towns) in Akra (s. Zimmermann).

63) In the thicket around the spring head was the sacred place of Ananu, the god of Old-Town and there also the old chief said he kept his shadow (s. Waddell). Arbores daemonibus consecratas, quas vulgus colit, et in tanta veneratione habet, ut nec ramum vel surculum audeat amputare, werden

verboten (b. Burchard von Worms). Und so heilige Haine bei Buriten, Kasya u. s. w. (s. Vlkst. a. B. S. 13.)

64) Seven Nka (classes or orders, the people are divided in, according to age chiefly) in Calabar, (each of which is a society, having its own offices bearers). Each of them takes its turn of watching the town, and when war is undertaken or any public work performed, the inhabitants are called out, according to their nkas (s. Goldie). Die Nkaiferi (nakod class) begreift die „young unmarried womon" (in Calabar). Bei den Naga ordnen sich die Jünglinge im Muruug (s. Vlkst. a. Brahmaputra, S. 27).

65) Der Organismus ist die Persönlichkeit selber, und das Bewusstsein sorgt nur dafür, uns dies zu sagen; die Einheit des Ich ist daher niemals vollständig, immer besteht eine mehr oder minder tiefgehende Spaltung derselben; jedes Theil Ich vertritt gleichsam eine der vorwiegenden Tendenzen des Individuums, (s. Herzen), und so die Vielfachheit der, bei Essaern (s. Jos.) präexistirenden, Seele bei Dayak (4), Karen (7) u. s. w.

66) Peculiar species of food are not eaten by many families, from the fact that some members of them die after eating of such condiments and their juju consequently places an interdict on their use (am Kalabar), und so führen sich an der Goldküste auf die Speisoverbote zurück; (s. Bosman.)

67) Der Neger (Guinea's) betrachtet die Welt als „eine athmende beseelte Masse" (s. Cruikshank), unter stets fortgehender Schöpfung (Mawu's oder Nyame's), und so kommt der Tod in die Quere (aus einem Versehen im Bösen des Abonsam (oder Endoxe).

68) φαίνονται μὲν οἱ πρῶτοι τῶν ἀνθρώπων τῶν περὶ τὴν Ἑλλάδα τούτους μόνους τοὺς θεοὺς ἡγεῖσθαι, ὥσπερ νῦν πολλοὶ τῶν βαρβάρων (s. Plato). Rejetés dans l'état sauvage, les Grecs durent en parcourir les degrés, en professant le culte (Benjamin Constant). Die ethnischen Vorstadien lassen sich von den Culturvölkern eben so wenig verschmähen, als wenn der Erwachsene zürnen wollte, daran erinnert zu sein, dass er als Kind kindisch gespielt habe (auch gelernt). „Fast die ganze Mythologie und Religionslehre der Culturvölker kann man, ich und ungeordnet, und zwar nicht in entarteter, sondern in unentwickelter und ursprünglicher Gestalt in den Ueberlieferungen und Ideen der Naturvölker wiederfinden" (s. Tiele) und es käme nur darauf an, das leitende Entwickelungsgesetz festzustellen (für den Völkergedanken).

69) Mit der ersten Reinigung sind die Mädchen (in Akra) im Hause gehalten (profusely covered with ornaments). In krobo they wear a peculiar straw-hat (s. Zimmermann), und so bei den Aleuten (um nicht durch den in Unreinigkeit bösen Blick den Himmel zu beleidigen). Die als Kosio dem Gotte (für drei Jahre) geweihten Mädchen, die nur von den Priestern besucht werden dürfen, erhalten sich durch Betteln (b. d. Eweern), in (babylonischen) Hierodulendiensto (in Indien). „Alljährlich, wenn der Mais gesäet ist, bis zu der Zeit, wo er Mannshöhe hat, haben der König und die Priester einen bedeutenden Vortheil, denn die Bewohner, deren Intelligenz sehr beschränkt ist, glauben, dass die Schlange oder die Schlangen während dieser Zeit Abends und Nachts die jungen Mädchen angreifen, welche ihnen am besten gefallen und sie besessen machen. Dies zwingt ihre Eltern, sie zu einem eigens hierzu erbauten Hause zu bringen, wo sie einige Monate bleiben, um sich von ihrer Raserei heilen zu lassen. Während dieser Zeit müssen ihre Eltern Ihnen Alles liefern, was sie brauchen und zwar so reichlich, dass die Priester davon mitleben können." (s. Bosman.)

70) Beim Heranreifen zur Pubertät wird das junge Mädchen entweder durch denjenigen, der sie von den Eltern verlangt hat, in die Casa das tintas gesetzt (bis zur Verheirathung), oder von den Eltern selbst, um den Heirathslustigen empfohlen zu werden. Während dieser Zeit mögen die Besuchenden mit ihr spielen, ein Beiwohnen aber kann nicht stattfinden, da die Thür geöffnet bleibt, und Beischlaf nur bei Verschluss solcher erlaubt ist. Ist das Mädchen den Anzeichen nach zur Casa das tintas entwickelt, so wird sie beim Fest von tanzenden Frauen in die Mitte genommen und plötzlich ergriffen, um nach der in der Zwischenzeit aufgeschlagenen Hütte gebracht zu werden. Nachdem ihr Eintritt bewerkstelligt ist, bleiben die Frauen, Klapperschüsseln schlagend, vor der Thür und singen: „Schon ist sie jung, schon bedarf sie des Mannes." In der Casa das tintas wird die Jungfrau von einem kleinen Knaben und Mädchen beim Essen bedient, und täglich kommt zum Unterricht eine alte Frau, die ihr den Körper roth bemalt. Bei Männerbesuch wird sie zum Tanzen herausgerufen. Der Aufenthalt in der Casa das tintas (Suaki kumby oder Chikumbe) mag fünf Monate dauern, bis die Insassin von einem Manne zum Beischlaf oder zur Heirath verlangt wird.

Gelangt die Tochter eines Prinzen zur Pubertät (im 11. bis

13. Jahre), so wird ihrerwegen ein Fest veranstaltet, um sie dem Bräutigam zu übergeben, wenn sich ein solcher bereits gemeldet und um sie geworben hat. Sonst wird sie mit bemaltem Körper in der Case das tintas ausgestellt, ob sich Jemand fände, der die Eltern für die erste Blüthe bezahle. Ist das nicht der Fall, so wird sie einem Sklaven übergeben, der das in Arracan früher den Priestern übertragene Geschäft vorzunehmen hat, und nachher mit ihr verheirathet bleiben mag, oder sie wieder entlassen.

Wie die Mädchen, reich geschmückt und roth bemalt, in die Ison (Maa) Chikumbo oder Casa das tintas, begeben sich die Knaben in rother Bemalung und mit Malungu (Ringen) behängt in das Cicalma (Beschneidungshaus) zur Beschneidung, die durch den Belin samba vorgenommen wird. (Deutsche Exped. a. d. Loangoküste I, S. 175.)

71) Inselgruppen in Oceanien S. VIII u. folg.

72) Bei den Brauronien dienten im Tempel der Artemis Mädchen als Initiatas (s. Lobeck), ohe erlaubt war συνεκτελεθαι ανδρι παρθένον (b. Suidas), in ιερά άδρητα der Elenophorien (nach Pollux) unter Opfern einer Ziege (b. Hesych.), und beim Matrononfest war dem Bock seine Rolle zuertheilt (in Rom). In den Mysterien von Halimus wurde Aphrodite (durch Frauen) in der Umgebung der Genetyllides oder (b. Phokäer) Γεννάιδες (s. Preller) verehrt (als „weibliche Dämone der Zeugung und Geburt"). Okukha mbobi, wenn das Mädchen (bei der Beschneidung oder Mbobi) „is kept secluded and fattened for marriage" (am Kalabar). Butru (an old custom said to have been introduced by the first inhabitants of Ga, who came from the sea and whose footprints are still to be seen) is only made by men (the yokpemo of women answering to it) and ensures to him, who makes it an honourable funeral (in Akra). None of the subsisting Indian customs, as living in societies, are more significant, than those connected with the menstrual lodge (s. Schoolcraft), s. Inslgr. i. Oc. S. IV.

73) Die Pubertäts-Weihe der Jünglinge. (Zur naturwissenschaftlichen Behandlungsweise der Psychologie, S. 128.)

74) Im Gemüth, dem Hintergrund des Geistes (s. C. A. Kolbe), wo aus der Nacht des Unbewussten die oft wunderbaren Klänge des bewussten Seelenlebens heraustönen, welche sich Gefühle nennen, liegt die Religion (b. Carus), in der Syntheresis (Synteresis), „oder die bewahrende, erhaltende Kraft, der unzerstörbare Theil des Seelenwesens" (s. Linsemann), in der

scintilla animae („das Fünklein Licht, das Gott selbst in die Seele gelegt hat").

75) Unter den Thlinkit ist jeder von seinem Yekh, als (Schutz-) Geist begleitet, der ihn nur bei Schlechtigkeiten verlässt, und die Takhiyekh (Landgeister) erscheinen in Gestalt von Landthieren, die Tekhiyekh (Geister des Meeres), als Wasserthiere dem (prophetisch geöffnetem) Auge (der Schamanen), während die Khiyekh (oder oberen Geister) im Norden wohnen, als Seelen gefallener Helden (und sich in den Nordlichtern manifestiren). Die lappischen Olmak ertheilen im Saivo ihre Zauberkraft (heiliger Thiere oder Geräthe).

76) Zum „moyen d'aller droite au ciel en profitant des Indulgences de l'Église" (1870) bieten sich Rosenkränze, Scapularien (le Scapulaire bleu, le Scapulaire du Mont Carmel, le Scapulaire rouge, le Scapulaire du Précieux sang, le Scapulaire de la Très-Sainte Trinité, le Scapulaire de Notre-dame de sept couleurs, le Scapulaire du Sacré coeur), Cordons (de St. François, de St. Joseph, de Saint Thomas d'Aquin, du Précieux sang), Chaines de Sureté, dann: Statuettes, Médailles, „plus solides et plus durables que les images imprimées", wie Rev. P. Huguet versichert, u. s. w. (s. Vorg. d. Ethnlg., S. 101). Trotz der gebotenen Auswahl, trotz der alle sieben Jahre in der sixtinischen Kapelle (am Gründonnerstag) vom Papst selbst geweihten Agnus Dei, fanden sich im Krimkrieg noch allerlei Sorten von Amuletten, wie bei Russen und Türken auch bei den Franzosen (bis zu den Höchstgestellten, Generalen und Prinzen, hinauf), s. M. l. d. O. II, S. 280.

77) Bossum oder Bosse fon, als Fetisch (bei Barbot). Incantationes, sacrilegia, auguria vel maleficia quae facturae sive praestigia vulganter appellantur (Murat). A Fetich strictly speaking, is little else than a charm or amulet, worn about the person or set up at some convenient place, for the purpose of guarding against some apprehended evil or securing some coveted good (s. Wilson). Nel feticismo c'è sempre il dio, non come qualiosa d'indipendente dal feticcio stesso di cui non sarebbe che simbolo, ma compenetrato in lui (s. Trezza). L'amulette ne sait pas ce qu'elle fait, c'est une force inconsciente (A „amolior"). Le talisman est, comme l'amulette, une chose et non pas une personne. Une médaille bénite qui est censée écarter les accidents, les maladies, la mort, rentre dans le genre des amulettes, un diamant, sur lequel serait gravée une sentence aux effets magiques et qui aurait pour propriété, par exemple, de fermer hermétiquement les vases sur lesquels il aurait été

posé, serait un talisman. Le fétiche est autre chose, que l'amulette ou le talisman, parcequ'il est conscient et tire sa force de lui-même (Réville), pantheistisch direct (und theistisch dann in der Consecration ebenso). Derjenige jedoch, der sie sich anbindet, Amulette oder Fetische, wird sich wenig darum kümmern, ob Person, ob Sache. Wenn's hilft, ist's gut, wenn nicht, so bekommt der Heilige (wie traurige Beispiele belegen) seine Prügel ebenso gut, wie der Fetisch. Des Marchals erzählt von einem Katholiken, der (bei einer Opferhandlung zu Friedrichsburg) hörend, dass die dargebrachte Speise zur Versöhnung des Fetisches dienen sollte, diesen zerbrach und ein Kreuz aufstellte, bei dessen Zeichen „il s'enfuirait aussitôt". Es würde sich dies für afrikanische Logik auf Bekämpfung der Fetische unter einander (des schwächeren durch einen stärkeren) mittelst der Künste ihrer Ganga (oder Priester) zurückführen, und die Probe des Endresultates dann in diesem eben (the proof of the pudding) liegen (wie immer und nothwendig). Het Kruisteeken (der Roomschen Katholiken) „verjaagt den duvel met al syn bedrijf" (s. Teenstra), und würde also, als probat, sich der Ersparnisse wegen schon empfehlen, an Stelle unzählbarer Fetische (Medaillen, Scapuliere und sonstigem Reliquien-Apparat). St. Columban vertrieb durch das Kreuzzeichen die Hobgoblin's aus einem Eimer (dass die Milch nicht sauer werde). Ein märkischer Edelmann bei Prenzlau hatte (1614) zwei Geister, die er sich unterthänig gemacht, einen Pygmäen, so unter dem Gesindetisch gewohnt und ihn den Lapis philosophorum zu machen gelehrt, der andere Colus, so in der Hölle (dem Ofen) gewohnt, und ihm zu Zeiten stattlich musicirt (s. Raumer). Der Mützenkobold Heedekin hielt sich neben dem Palast des Bischofs von Hildesheim auf, dem er gute Rathschläge über sein diplomatisches Vorhalten ertheilte (1130 p. d.). Erzbischof Friedrich von Magdeburg erkannte in den Kolikschmerzen seines Unterleibes das Zürnen der dort eingefahrenen Schutzgeister der von ihm bedrückten Kirche Merseburg's (1382 p. d.). Krankheiten rühren her aus der durch die Dämons verdorbenen Luft (b. St. August.).

78) Les gens sages et les Grands, qui se piquent plus que les gens du commun, d'être les esprits forts (in Judah) sont persuadez que leurs Marabous sont des trompeurs et des fripons (s. des Marchais), aber zugleich gefährlich (wie sich besonders in der Angst des Krankseins spürt). Wer in seinem Bauch das Ifót (zum Schaden der Nebenmenschen) birgt, wird durch die (Erbrechen erregende) Giftnuss (Esere) überführt, und so trägt der

australische Zauberer in seinen Eingeweiden den magischen Stein, den er (wie zum Verzaubern) für Heiloperationen hervorwürgt (auch bei dem Ceremonial der Pubertätsweihe). Wer ihn aus den Uneingeweihten (oder von den Frauen) sehen sollte, ist des Todes, wogegen bei den Marcioniten „Alles der Lächerlichkeiten voll war, denn sie machten keine Schwierigkeiten die Mysterien in Gegenwart der Catechumenen zu feiern" (b. Epiphanius). Bei den Onbaobonon (Karaibaner oder Kanibalen), wohnen die Akambone (guten Geister) im Himmel, während der (böse) Maboja durch den Bojo (Priester) vertrieben wird, und die Zauberer (Piaïa) dann im Todesfall von den nächsten Verwandten über den Thäter befragt werden (um ihn zu tödten). Murua, der Beamte der drei obersten Grade im Egbo, hält die Leichenfeierlichkeiten ab (am Kalabar) unter Schütteln der Ekput (Rassel). Philo unterscheidet eine doppelte Verehrung (die höhere für die Weisen), und auch im Geheimnisse des Atua verhüllen sich esoterische Lehren (eines ἱερὸς λόγος), s. Heilige Sage d. P., S. 9.

79) Der Mensch von Gott geschaffen und gebildet (bei dem Araberbischof Georg) wird zu einer grossen und wunderbaren Welt gemacht, inmitten dieser kleinen Welt (s. Ryssel), und als Mikrokosmos dann des Makrokosmos (in naturwissenschaftlicher Objektivität).

80) The archipelago is a little world within itself, (the different islands inhabited by a different set of beings).

81) The instant we perceive that Materialism is a theory of metaphysics, we perceive too, that it is false (s. Barry), bis zum Zutritt der Psychologie (als Naturwissenschaft).

82) Ἡ δὲ κρίσις ἀρχὰς μὲν ἔχει δύο, τὸν δὲ νοῦν ἀπὸ τοῦ ταυτοῦ πρὸς τὰ καθόλου, καὶ τὴν αἴσθησιν ἀπὸ τοῦ ἑτέρου πρὸς τὰ καθ' ἕκαστα (Plut.) in Induction und Deduction. Der möglichst umfassend empirische Nachweis der Regelmässigkeit in der Co-Existenz und Succession der sozialen Erscheinungen in ihrem ursprünglichen Zusammenhang, bildet (seit Quetelet) Begriff und Aufgabe jener Disziplin, welche in ihrer geschichtlichen Entwicklung und wissenschaftlichen Leistung durchaus selbständig hinfort mit dem Namen „Statistik" bezeichnet ist (s. John), beim Völkergedanken in der Ethnologie (für den Menschen als Gesellschaftswesen).

83) Der innerliche Kultus erfüllt sich im Austausch der Frömmigkeit im religiösen Gemeingeist (bei Schleiermacher), wogegen die wesenlose Dialectik (der ματαιότης) im Nihilismus

endigt (s. C. A. Kolbe). Die Religion ist die Substantialität, wie der Sittlichkeit, so des Staates (bei Hegel).

84) Zweideutig freilich in doppeltem Sinne, da neben dem Zuspinnen (durch *Κλωθώ*) dessen, was sich unabweisbar zu erfüllen hatte (durch *Ἄτροπος*), noch Lacheris zwischenfällt (mit dem Zufall des Loosens). Dreierlei Seelen sind in dem Menschen (nach R. Meir ben Gabbaj). Als Christus, den Schatten abthuend, in's Pleroma zurückkehrt, gebiert Sophia den rechten Archon (als Demiurg) und den linken (als Teufel).

85) Olim Diovis et Diespiter dictus, hoc est dei et dies pater (Varro). Antiquum Jovis signum lapidis silicei putaverunt esse (Servius).

86) „Gott, das höchste Wesen, auch der Himmel" (s. Riis). As God is considered the spirit or soul of heaven or heaven the face (Nyonmo bie) or outward appearance of God, Nyonmo is also used for heaven (Zimmermann).

87) Mawume, als der Raum (Me), worin Mawu wohnend gedacht wird, bezeichnet „den Himmel, die Wohnstätte Gottes" (s. Schlegel).

88) Verhüllt vom Schleier des Himmels (enyön), Ikpa Abasi, the highest heaven (s. Goldie). An dem Isu Abasi (Isu oder Gesicht) genannten Altarhügelchen auf dem Haushof wird zu Abasi (vor Töpfen, Knochen u. s. w.) gebetet, wie am Hausaltar Isu Ekpo (mit verschiedenem Zauberwerk oder Idiön) zum verstorbenen Familienvater (am Kalabar). Njongmo's Antlitz ist mit den Sternen geschmückt, von den Wolken verschleiert (und seine Kinder, die Wong, durcheilen als Boten die Luft).

89) Der Ambonese badet ohne Scheu in dem Wasser, wohinein das ihm von Geburt verwandte Crocodil durch die Hebeamme gesetzt wurde.

90) Ἐλείθυια πάρεδρος Μοιρᾶν βαθυφρόνων (bei Pindar) in Verbindung der Geburtsgottheiten mit den Moiren (zugetheilten Schicksals), wobei dem Zuspinnen (Klotho's) und der Unabwendbarkeit (in Ἄτροπος), das Loosen (λαγχάνειν) zwischen fällt (in λάχεσις), als Zufall (neben dem Geschick).

91) Wenn die Menschen sterben, so wird der seelische Geist mit dem Körper begraben, indem Bewusstsein von ihm fortgenommen ist, und der himmlische Geist, den sie empfangen haben, geht zu seiner Natur, zu Christus (nach Aphraortes), wie die Seele der Eweer zu ihrer Heimath (in Nodsie).

92) Durch die Mbu-ba genannte Ceremonie vertreibt man

(am Kalabar), „a bad disease from a house, after the individual, who has died of it, is buried in the bush" (s. Goldie).

93) That the spirits of the departed, who have died since the last Ndök, may be driven from the abodes of men werden „the Nablkim, in which the Ghosts (Ekpoes) may have taken refuge", in den Fluss geworfen (am Kalabar). Die Nqueme genannten Häuschen werden (am Kalabar) nach Beendigung der Leichen-Ceremonien (Ikpo) für den Todten errichtet (mit seinem zerbrochenen Eigenthum ausgestattet).

94) Indem der Oceanos, als Urstrom und Urquell alles dessen, was ist, dargestellt wurde, ergab sich das Wasser als Grundstoff (in ionischer und eleatischer Philosophie). Nereus (ἅλιος γέρων) wird von Pontus mit Gäa gezeugt (als ältester Sohn) und Pontus, Sohn der Gäa (durch den Aether), wird mit Thalassa (Tochter des Aethers und der Hemera) vermählt (bei Hyg.). Bei Berosus beginnt die Entwicklung im Urschlamm, während sich die Wurzeln gnostisch verlieren, in den Bythos hinab (Hawaii's Kumulipo entsprechend). Die eigentlich dunkle Tiefe, welche das Todtenreich bildet, wird durch τὸ ἔρεβος bezeichnet (s. Teuffel). Von Erebus und Nacht (bei Hesiod) oder (mit Nacht, Tag und Erebus) von Chaos und Caligo gezeugt (bei Hygin.), gilt Αἰθήρ (in orphischen Hymnen) als Weltseele (aus welcher alles Leben Anfang und Gedeihen nimmt). Als (mit dem Syzygos Teletos) im letzten der 30 Aeonen (in Ogdoas, Dekas und Dodekas getheilt) Sophia οὐσίαν ἄμορφον geboren (ἐκ τῆς ἀγνοίας), empfindet sie einen πάθος, die Grösse des Urwesens zu kennen, in Βυθός, der in Sige seine Gedanken niederlegt, eine ἀρχή πάντων zu schaffen (bei den Valentinianern). Der Sige entsprechend, umschlingt Mutubei (silence) Tanaoa (darkness) in Nukahiva's Schöpfungsmythe (Te Vanana na Tanaoa).

95) Das dem Feuergott Xiuhtecutli dargebrachte Fest Xocotlhuetzin der reifen Früchte wurde in Tlascala gefeiert, als Hueymiccailhuitl (the great festival of the dead). Beim Fest der Centeotl oder Xilonen (xilotl oder Maiskhre) wurde eine Frau geopfert (in Mexico), und so bei Feldfesten der Khond (in Meriah-Opfer) der Blume u. s. w.

96) In Madagascar wird die Seele an der Urahöffnung belauert und in (chinesischer) Mütze gefangen (zum Aufstülpen). Bei den Nosairiern finden sich über der Hausthüre zwei Löcher, eins zum Ausfahren der Todtenseele, das andere zum Eingehen der Seele bei neuer Geburt (b. Cahou). The monkeys near Fishtown, crocodiles near dix Cove, snakes at Whydah,

are sacred because they are supposed to be animated by the spirits of the dead (Wilson). Ekpo (leopard or panther) the first or original grade in the Egbo-Institution (s. Goldie). Durch die Idiönü genannten Zeichen erkennen sich die Geheimbünde (am Kalabar).

97) Die Tamulen oder Damila (von Jafna bis Batecolo und Putlam) zerfallen in die Kasten der Pirama, als Verehrer Agni's, Siva's, Vishnu's (aus dem Geschlecht Baradwaja und aus dem Geschlecht Kasyapa's), Katriya (mit den Madelpaligar), Vaisya (als Chattrie oder Kaufleute), Sutra (oder Sudra).

98) ὅντι γὰρ γεωργὸν ὄντι βάναυσον ἱερέα καταστάσιον (s. Aristotl.), nur aus höherem Rang (bei den Griechen nämlich den Bürgern, wogegen in Ceylon die Ackerbauer, als aristokratische Gutsbesitzer, eintraten).

99) Yakka duro (devil dancers) provide the people with charms consisting of incantations written on a piece of Ola (in Ceylon). The Capua pretends to inflict, continue or remove bodily pain (s. Callaway). Bei den augenlosen Masken sollte vor dem gefährlichen Anblick der unschaubaren Gottheit (wenn beim Rufen erschienen) geschützt werden, wie bei den Aleuten (und so tanzen auch Vorsteller bei Haidah oftmals blind, an den Armen gestützt von Gehülfen). Auch Fächer vorbergen (im Cult).

100) „Being unable to convert the natives from their predilection to devil worship" Gautama (in Ceylon) neutralised its opposition by admitting the four Pattinee deities or devils and their four temples or dewales to a species of Co-partnership (den Modus vivendi zu finden).

101) Wie der Archon (des Basilides), so nimmt auch der Demiurg (des Ptolemäus) das Evangelium bereitwillig an (s. Hilgenfeld).

102) To avert the influence of the planets as indicated by astrology (s. Callaway).

103) The five hill gods of Ceylon (unter Visvakarma, „the artifex of the immortal arms of Sekkraia") are the Pattinnee or gods of healing (s. Upham).

104) Die Asuren unter Wiebessaa unterstützen Sekkraia gegen den Asurn Raja (oder Asu's Loka).

105) Gotama erschien am Uruwelaya auf Ceylon, die durch Gewitter erschreckten Yakkha nach der Insel Giri versetzend und den Dewa-Fürsten Sumano (auf dem Berg Selesumano) mit einer Haarlocke weihend (Mahiyanguna-Dagaba). Aus Jeto erscheinend übergab Gotama den Naga-Königen den Rajayatana-Baum des Devo Samiddhisumano (der frühere Pasi-Buddha

gesehen) und dann (auf Bitten des Naga-Königs Maniakkhiko nochmals zurückkehrend) wurde der Fussabdruck zurückgelassen (auf dem Berg Sumanakhuto).

106) „Es war die Pflicht der Teufel, ihrem Oberhaupte, dem Gotte Warsa-rewsenne zu gehorchen und mit ihm den Feind Sakra's (Sekkraia's), den Gott Wepetziette-asura-deva zu bekämpfen; und sie essen das Fleisch der Todten; und obgleich ihnen nach Buddha's Lehre keine Ehrenbezeugungen zustehen, weil sie die Feinde des Menschengeschlechtes sind, so ehren die Singhalesen sie dennoch und dienen ihnen, weil sie fürchten, dass jene die Macht haben, die menschlichen Körper mit Krankheit heimzusuchen; daher beschwören sie, in Krankheitsfällen, die Teufel und bringen ihnen Gaben an Geld wie an gekochten und ungekochten Speisen; ebenso lassen sie Hals, Arme, Beine und Leib des Kranken durch den Beschwörer lose mit Armbändern und Fäden umwickeln, welche mit Saffranwasser gelb gefärbt sind." Edrokosi sa dso oder Dsoka, der Götzenpriester bindet Zauberzeichen, d. h. er verkauft sie, weil sie sie nämlich nach einer schwarzen Erkenntniss, die nur der Götzenpriester hat, aus verschiedenen Bestandtheilen zusammenbinden und flechten, hernach mit ihrem Speichel benetzen, mit rother Erde bestreichen und sie so verkaufen, in der Regel auch noch den Leuten umbinden (s. Schlegel) bei den Eweern (als Phylacterien). Nach dem Reinigungsfest werden die Stadtmauern Bangkok's mit heiligem Faden umwunden (s. Geogr. u. Ethngr. Bilder, S. 210). In Verbindung mit den Ernte- und Todtenfesten wurde von den Lustrationen eine (in engsten Kreisen alljährlich) neun Aera (wie im Oktpos der Mandan) eingeleitet, und so gern Alles neu gemacht im Lande, bis zum Höchsten hinauf. Für den König (bei den Eweern) ist das Yamsfest sein Todtenmahl, und obwohl es zuweilen wiederholt werden mag, muss doch das letzte den Schluss des Leben's bilden (da das nächste Yamsjahr nicht erlebt werden darf). Die Könige von Peki müssen nach siebenjähriger Regierungszeit sterben (vergiftet). Der in einem Ziegelthurm aufgeschlossene Chakan der Chazaren wurde bei seiner Erhebung, unter Zuschnürung der Gurgel, um die Regierungsdauer befragt, und neben ihm „stand ein anderer König, der ihn mitunter nach dem Volkswillen aufopferte" (s. Rommel). Auch bei den Toltcken war die Regierungszeit fixirt (wie in Cochin u. s. w.), und aus der Unbequemlichkeit solchen Priesterkönigthum's folgt dann die Weigerung der Uebernahme (in Niue u. s. w.), unter Richterschaft des Volk's (wie bei Monarchomachen).

Anhang.

Bei dem frischen Hauche, der heutzutage die Afrika-Forschung durchweht, mögen, aus dem Correspondenzblatt der Afrikanischen Gesellschaft, Aufrufe wiederholt werden, die (1873) zu ihrer Begründung führten, da, obwohl manch' glorreiche Erfolge zu verzeichnen stehen, das leitende Ziel, das damals gesteckt war, ein noch immer unerreichtes bleibt. Erst mit Durchschneidung des Kontinentes auf der Linie der für sein centrales Gezimmer massgebenden Wasserscheiden, wird allmählige Lösung jener Räthselfragen zu hoffen sein, die aus ältesten Vorzeiten hineinragen bis in die Gegenwart des Heute. Und so möge die neue Belebung, die heute gerade erwacht ist, uns auch den Reisenden erwecken, der mit diesem letzt entscheidenden Schritt die Ausentdeckung Afrika's zu ihrem vorläufig ersten Abschlusse bringen mag.

Erster Aufruf.*)

In unserer Zeit des rastlosen Forschens und Strebens, wo täglich neue Entdeckungen den Kreis des Wissens erweitern und auf allen Zweigen menschlicher Erkenntniss weitersprossende

---

*) Der zweite und dritte war an die Aeltesten und Mitglieder der Kaufmannschaft erlassen, der vierte an die naturwissenschaftlichen Vereine, der fünfte und sechste an die Geographischen Gesellschaften (s. Hft. I).

Wahrheiten reifen, muss es vor Allem als dringendste Pflicht erachtet werden, den Planeten, den wir bewohnen, seiner ganzen Ausdehnung nach kennen zu lernen und in unserem eigenen Erdenhaus keine unbetretenen, also unbekannten Strecken übrig zu lassen.

Solche, unserer Kenntniss bis jetzt völlig entzogene Territorien finden sich, der grössten Menge nach, in dem alten Kontinente Afrika's, der von jeher den geographischen Entdeckungen den zähesten Widerstand entgegengesetzt hat und ihnen auch jetzt den Sieg noch streitig macht. Viele gefeierte Namen sind im Kampfe um ihn von der Liste der Lebenden gestrichen, Namen vor Allen von deutschen und englischen Streitern im Dienste der Geographie; sie sind gefallen und auf Afrika's Boden gebettet. Aber ihre Aufopferung ist keine vergebliche gewesen, denn in der That ist durch ihre muthvollen Bemühungen das unbekannte Gebiet im äquatorialen Afrika mehr und mehr auf einen so engen Raum zusammengedrängt, dass man jetzt berechtigten Grund hat, hoffen zu dürfen, durch einige methodisch geleitete Feldzüge auch diesen übrig gebliebenen Rest zu erschliessen. Unserer Generation scheint es vorbehalten, in die letzten Räthsel des so lange mysteriös verschleierten Afrika einzudringen, und je näher wir uns diesem Ziele fühlen, desto mehr müssen unsere Anstrengungen verdoppelt werden.

Die auf Erschliessung Afrika's gerichteten Forschungen erhalten ihre besondere Weihe dadurch, dass in begeisterter Hingabe an dieselben stets eine freiwillige Schaar sich ihren Zwecken zu widmen pflegte, und solche vom Wissensdrang allein geleitete Bestrebungen hat unser Volk von jeher vornehmlich als die ihm im Wettstreit der Nationen zugefallene Aufgabe anerkannt.

Was indess derartige Bemühungen vermögen, kommt wie der Wissenschaft einerseits, so auf der andern dem Handel und der Industrie zu Nutzen, denn die Geographie steht auf einer Vermittlungslinie zwischen dem theoretischen und praktischen Leben. Die Wege, die ihre Pioniere erschliessen, führen früher oder später zu Verkehrsmärkten, nach denen bald der Kaufmann folgt und auf denen sich im betriebsamen Austausch neue Erwerbsquellen erschliessen. In umsichtiger Verwerthung der von der Geographie gebotenen Hülfsmittel ist der mächtige Welthandel erwachsen, der Welthandel, der England's Grösse schuf und der neben englischer besonders von deutscher Thätigkeit getragen wird, wie auf dem Felde der Entdeckungen gleichfalls Deutschland und England gemeinsamen Zielen entgegenstreben. Auch die letzten Erfolge wieder haben beide Länder getheilt. Es sind besonders die an unerwarteten Belehrungen reichen Fortschritte Schweinfurth's und Livingstone's, die uns zu unseren heutigen Hoffnungen berechtigen und dazu ermuthigen, unsere Mitbürger aufzufordern, die geographischen Vereine in ihren Absichten, die afrikanischen Entdeckungen weiter fortzuführen, durch thätige Beihülfe unterstützen zu wollen.

Drei grosse Ströme bleiben zu erforschen: der Uëlle, der Lualaba, der Congo: Ströme, bei denen weder ihr etwaiger Zusammenhang, noch von dem einen die Quelle, noch von dem andern die Mündung bekannt ist. Ihren Richtungen folgend, werden wir auf alte Handelsstrassen zurückgeführt werden, die vielleicht einst den Indern und Arabern, wenn nicht den Aegyptern, bekannt waren, und von denen uns noch die frühesten der portugiesischen Entdecker unbestimmte Kunde hinterlassen, die dann in Folge der aufgestachelten Sklavenjagden unzugänglich wurden und die gegenwärtig in gänzliche Vergessenheit und Unkenntniss gefallen sind. Es wäre eine würdige Aufgabe unserer Zeit und ihrer humanistischen Bestrebungen, das wieder zu gewinnen, dessen Kunde für Europa durch seine schwerste Schuld, die des Sklavenhandels, verloren gegangen ist, und wo es derartige Ziele zu erreichen galt, pflegte stets das deutsche Volk in erster Reihe zu stehen.

Von diesen Gesichtspunkten ausgehend, hat sich die hiesige Gesellschaft für Erdkunde schlüssig gemacht, in Beziehung mit den übrigen Geographen Deutschlands, auf eine methodische Vervollständigung unserer Kenntniss von Afrika hinzuwirken und den wissenschaftlichen Aufschluss dieses Kontinents möglichst seinem Ende entgegen zu führen.

Nach der politischen Geltung eines Volkes bemisst sich die Höhe der Verpflichtungen, die ihm in Lösung der Kulturaufgaben obliegen. Seit Deutschland wieder den ihm gebührenden Sitz im Rathe der Nationen eingenommen hat, muss es auch in der Pflege der Wissenschaft mehr noch wie früher voranstehen, ziemt es ihm vor Allen in der Leitung geographischer Unternehmungen, die neue Gegenden der Kenntniss gewinnen sollen, an die Spitze zu treten, denn solche Erwerbungen werden in der Geschichte unter dem Namen desjenigen Volkes verzeichnet, das zuerst kühn und entschlossen sich die Bahn nach ihnen brach.

In der Ueberzeugung, dass das grosse Werk afrikanischer Entdeckung, für das schon so viele hochherzige Anstrengungen gemacht sind, auch jetzt in Deutschland seine thätigen Förderer finden wird, wendet sich dieser Aufruf an alle Freunde der Geographie, um ..... (auch jetzt, wie damals, für diese Zeitaufgabe einzutreten).

Seit dem Umschwung, der durch das entscheidende Wort Dessen, dem schon manche Entscheidung zu danken bleibt, auch in Deutschland's Kolonialpolitik herbeigeführt ist, wird jetzt die Bahn praktischer Ausnutzung zu betreten sein, und zwar zunächst wohl auf dem Benue, als dem deutschen Handel nächstliegend (unter der gegenwärtigen Sachlage).